엄마가 잘 모르는
아기 마음

AKACHAN GA PITTATO NAKIYAMU 100 NO KOTSU
by Shufunotomo Co., Ltd.
Copyright © 2010 by Shufunotomo Co., Ltd.
All rights reserved.
Original Japanese edition published by Shufunotomo Co., Ltd.
Korean translation rights © 2021 by Choroki
Korean translation rights arranged with Shufunotomo Co., Ltd., Tokyo
through EntersKorea Co., Ltd., Seoul, Korea

엄마가 잘 모르는 아기 마음

초판 1쇄 인쇄 2022년 2월 3일
초판 1쇄 발행 2022년 2월 7일

지은이 슈후노토모샤
옮긴이 이정민
펴낸이 김은선

펴낸곳 초록아이
주소 경기도 고양시 일산서구 주화로 180 월드메르디앙 404호
전화 031-911-6627
팩스 031-911-6628
등록 제410-2007-000069호 (2007. 6. 8)
ISBN 978-89-92963-74-9 03370

푸른육아는 도서출판 초록아이의 임프린트로 육아서 브랜드입니다.

*잘못된 책은 바꾸어 드립니다.

0~18개월, 우리 아기 속마음 읽기

엄마가 ^잘 모르는 아기 마음

슈후노토모샤 지음 | 이정민 옮김

박은진 · 박현정 · 최해훈 감수

0~18개월
우리들의 이야기

푸른육아

"아, 시끄러워! 저렇게 우는데 왜 안 달래는 거야?" "도대체 아기 엄마는 뭐 하는 거야? 빨리 좀 달래지!"

엄마라면 우리 아이가 태어나기 전에 다른 아기들의 울음소리에 짜증이 났던 경험이 있을 거예요. 짜증나게 그 아기들 엄마를 바라보았듯이 이제는 다른 사람들이 나를 짜증나는 눈으로 보고 있다고 생각해 보세요. 아기를 안고 달래며 제발 그만 울라고 아기에게 간절히 부탁하는 마음을 느끼지 않을 수 없을 거예요.

이 책은 아기와의 의사소통에 서툴러 쩔쩔매는 초보 엄마들과 그 옆에서 당황하는 아빠들을 위해 세상에 갓 태어난 아기의 마음을 아기의 입장에서 잘 설명해주고 있습니다. 더불어 그런 아기를 이해하고 달래는 다양한 요령과 방법들도 소개하고 있답니다.

세상에 갓 태어난 아기는 자기의 요구를 전달할 방법이 우는 것밖에 없습니다. 배가 고프거나, 기저귀가 젖어 있다거나, 어딘가 아프다거나 더 놀아주길 바란다거나 하는 등 자신의 의사소통을 울음으로 표현할 수밖에 없는 것이지요. 젖이 먹고 싶어서 우는 아기에게 따뜻하게 이불을 덮어준다고 해서 그치지는 않을 거예요. 더 놀아달라고 떼쓰는 아기를 내버려두고 집안일을 한다면 당연히 더 크게 울겠지요.

아기를 달래는 지름길은 지금 울고 있는 아기의 마음과 몸 상태를 잘 이해하고, 아기가 지금 뭘 원하는지 엄마 아빠가 알아주는 거랍니다. 이렇듯 아기의 신호를 잘 이해하고 해결해주어야만 아기가 엄마 아빠를 신뢰하고 정서적으로 안정되게 자랄 거예요.

　아기가 자라서 말을 할 수 있게 되면 여러 가지 힘든 상황들이나 우는 이유를 몰라 당황하는 일도 점점 줄어들게 된답니다. "왜 그러니?" "배가 고파요."라고 아기와 대화를 나누는 그날을 기대하며 마음에 여유를 두고 잠깐의 악전고투를 참아보는 것이 어떨까요? 이 시기를 슬기롭게 잘 극복하고 대처해야만 엄마와의 애착 관계가 잘 형성되고 아이가 엄마 품을 벗어나 세상에 대한 탐험을 시작할 것입니다.

　그래도 아기 보는 것이 너무나 힘들고 버거울 거예요. 때로는 아기가 엄마랑 같이 있고 싶어서 거짓으로 울기도 하고 엄마 옆에만 꼭 붙어서 다른 사람의 품에는 가지도 않으려고 할 거예요. 그럴 때는 아기가 이제 자신의 상황을 깨달을 정도로 성장한 것이며, 하루하루 건강하게 잘 자라고 있는 거라고 생각해 보세요. 한결 마음이 편해지고 여유가 생길 거랍니다.

　아기의 마음을 이해하는 것은 너무나 힘든 일이지만, 어느 날 세상이라는 낯선 곳에 뚝 떨어진 아기는 엄마 아빠에 기대어 누구보다도 두렵고 힘들게 세상을 배워가는 중이라는 것을 이해해 주세요. 이 책은 한 살에서 두 살(0~18개월) 아기의 마음을 좀더 잘 이해하고 행복한 육아가될 수 있도록 길잡이가 되어 줄 거예요. 또한 엄마 아빠에게 마음의 여유를 가지고 아기를 잘 키울 수 있게끔 지름길을 알려줄 거랍니다.

출생 후 만 2세가 될 때까지 아기가 이루어야 할 가장 중요한 일은 엄마와의 안정적인 애착 형성입니다. 안정적인 애착 형성은 단순히 엄마와의 관계에서만 그 의미를 갖는 것이 아니라, 아기가 세상에 대한 신뢰를 갖는 동시에 이 세상에서 사랑받을 가치가 있는 존재라는 생각을 갖는데 더 큰 의미가 있답니다.

만약 엄마와의 관계에서 신뢰를 형성하지 못하고 불안정한 애착을 형성한 아기는 세상에 대한 신뢰도 형성하지 못하며, 자기 자신이 이 세상에서 사랑받을 가치가 없는 존재라는 생각을 하게 됩니다.

생애 초기에 아기가 세상과 자기 자신에 대해 만든 건강한 이미지는 향후 다사다난한 인생을 살아나가는 데 있어 힘의 원천이 되어줍니다. 지금까지의 연구 결과들을 보면 안정적인 애착을 형성한 아이가 유치원, 초등학교, 중 · 고등학교, 대학교에서 건강한 적응과 발달을 보이고 있습니다.

이 세상에 이제 막 도착한 아기를 어른의 시각에서 이해하고 상호 작용하려고 하는 태도는 안정적인 애착 형성에 부정적인 영향을 끼칠 수 있답니다. 아기는 무한한 잠재력을 가지고 태어나지만 아직 어른과 언어적으로 의사소통을 할 수 없으며, 감각 발달 수준도 어른과는 현저하게 다르고, 생리 기능을 조절하는 능력이나 자기 조절 능력도 미숙한 상태입니다. 완벽한 환경이던 엄마의 자궁을 떠나 자극적인 세상에 도착해 적응해 가야 하므로 몹시 힘들고, 반면 엄마도 지금까지 해오던 의사소통과는 전혀 다른 방법으로 아기를 이해하고 지지해야 하므로 힘들기는 마찬가지랍니다.

출산 후 엄마는 신체적으로도 매우 지쳐 있어 완전하게 회복되기까지는 많은 시간이 필요하며, 출산에 따른 호르몬 변화를 경험하면서 쉽게 우울해지기도 합니다. 그래서 출생부터 만 2세까지의 영아에게는 전 인생의 뿌리가 되는 중요한 발달 과업을 수행하는 민감한 시기임에도 불구하고, 안정적인 애착 형성을 어렵게 할 만한 여러 가지 요인들이 함께하는 것이지요.

그러므로 이 시기 아기에 대한 깊이 있는 이해는 엄마와 아기 사이에 생길 수 있는 불필요한 갈등과 소모전을 줄이는 데 도움이 되는 것은 물론이고, 이는 결국 안정적인 애착 형성에 크게 기여할 것입니다.

그런 관점에서 이 책은 아기와의 상호 작용에 당황해할 수 있는 부모들에게 매우 도움이 될 정보들을 체계적으로 알려주고 있습니다. 신생아 및 영아의 발달 단계별 특징뿐 아니라 살아 있는 육아 정보가 함께 담겨 있는 것도 이 책의 큰 장점이라 할 수 있습니다.

더불어 신생아의 기본적인 특성 외에도 배변, 수면, 분리불안, 공갈 젖꼭지의 사용, 정서 공감, 식습관 등 다양한 영역에서 아기의 입장을 통해 알려주는 자세한 정보와 설명은 어린 아기의 행동을 어떻게 이해해야 할지 혼란스러운 부모들에게 큰 힘이 되어 줄 것이라 기대합니다.

박은진 · 박현정 · 최해훈

 contents

• 머리말 04
• 감수의 글 06

 Part 01 모든 게 낯설고 불안해요

• 이유 없이 운다고요? 낯설고 무서워서 그래요 18
하나부터 열까지 다 낯설고 불안해요 19 울면 제발 바로 안아주세요 20 곧 익숙해질 테니 기다려 주세요 22
〈육아솔루션〉 아기가 계속해서 울면 실내 온도와 습도도 살펴보세요 23

• 엄마 뱃속으로 다시 돌아가고 싶어요 24
수건이나 담요로 자궁 속 환경을 만들어주세요 25 슬링으로 내가 뱃속에 있던 자세를 만들어주세요 26
〈육아솔루션〉 아기는 안아주었을 때 안정감을 느끼고 성장도 빨라요 28

• 엄마는 내게 전부예요, 내 우주나 마찬가지라고요 29
엄마는 나에게 아주아주 특별한 존재예요 31 멀리 간 것이 아님을 확인시켜 주세요 32
〈육아솔루션〉 아기의 분리불안은 정상적인 성장 과정이에요 33

• 울 때는 그냥 두지 마세요, 더 불안해져요 34
울 때 달래주는 엄마를 보며 사랑을 확인해요 35 우는 것도 좋은 운동이라고요? 36
내가 울면 잠깐 하던 일을 멈춰주세요 37
〈육아솔루션〉 하던 일에서 도저히 손을 뗄 수 없을 때는 목소리라도 들려주세요 38

• 불편하고 불안해서 나도 모르게 밤에 깨요 39
생활에 규칙적인 리듬이 생기게끔 해주세요 41 잠자리가 편안한지 살펴봐주세요 43
옆에 엄마가 있으면 무섭지 않아요 44 너무 크게 울면 일단 깨워 기분 전환을 시켜주세요 45
〈육아솔루션〉 아기는 작은 자극에도 쉽게 잠을 깨요 46

• 엄마 뱃속에서 듣던 소리가 그리워요 47
유모차 소리는 자장가 같아요 48 텔레비전의 지지직 소리도 좋아요 49 '똑, 똑, 똑, 똑!' 손가락으로
책상을 두드려주세요 49 엄마 아빠의 목소리는 마음을 안정시켜요 50
〈육아솔루션〉 청소기, 드라이기, 환풍기 소리 모두 태내음과 비슷해요 51

Part 02 내가 왜 우는지 제발 좀 알아주세요

• 나는 울음으로 말할 수밖에 없잖아요 54
내가 우는 데는 다 이유가 있다니까요 55 울음소리의 차이를 알아주세요 56 다른 사람에게 잠시 맡겨주세요 57
〈육아솔루션〉 저녁 때마다 아기가 운다면 피곤해서일 수 있어요 58

• 배가 고프거나 기저귀가 축축할 때 주로 울어요 59
배가 고파 울 때는 빨리 우유를 주세요 61 천 기저귀는 좋지만 축축하면 너무 싫어요 62
〈육아솔루션〉 기저귀 갈 때 아기가 산만하면 장난감을 주거나 노래를 불러주세요 63

• 칭얼거리며 울면 졸린 거예요 64
칭얼거리는 것은 재워달라는 신호예요 65 우유를 충분히 먹으면 푹 잘 수 있어요 66
태내음과 비슷한 소리를 들려주면 잠이 잘 와요 67 낮잠을 잘 자면 밤에도 편안히 잘 수 있어요 67
〈육아솔루션〉 수면 교육의 함정에 빠지지 마세요 68

• 몸이 아플 때는 날카롭게 운답니다 69
아파서 우는 소리는 날카로워요 70 영아 산통 때문에 울 수도 있어요 71
심하게 울 때는 심각한 병일 수도 있어요 72
〈육아솔루션〉 아기는 몸이 가려울 때도 울 수 있답니다 73

• 관심이 필요할 때는 우는 척도 해요 74
눈물 없이 울음소리만 내면 거짓 울음이에요 75 가짜로 운다는 건 내가 똑똑해졌다는 증거예요 76
거짓 웃음으로 관심을 끌기도 해요 77
〈육아솔루션〉 거짓 울음을 진짜 울음으로 만들지 마세요 78

• 아기라고 무시하지 마세요, 나도 내 생각이 있어요 79
짜증을 내며 울면 내 주장을 하는 거예요 80 내 생각을 이해해 주고 느긋하게 기다려 주세요 81
고집을 피우면 환경을 바꿔주거나 관심을 돌려주세요 82
〈육아솔루션〉 아기가 좋아하는 흥밋거리로 관심을 돌려 보세요 83

Part 03 나는 스킨십이 정말 좋아요

• 난 엄마가 안아줄 때가 세상에서 제일 행복해요 86
우유를 줄 때는 꼭 안아주세요 88 심장 고동소리가 들리게 안아주세요 88
마사지를 해주면 기분이 좋아져요 89
〈육아솔루션〉 스킨십은 아주아주 많이 해주세요 90

• 흔들흔들 안아주는 것도 놀이처럼 해주세요 91
졸릴 땐 안고 규칙적으로 흔들어주세요 92 위로 살짝 들어올려 흔들어주면 아주 신이 나요 93
아빠랑 같이 춤추면 친밀감이 생겨요 94

〈육아솔루션〉 맞벌이 부부는 아기를 재울 때 스킨십을 집중적으로 하세요 96

• 살살 쓰다듬어주면 기분이 좋아요 97

쓰다듬어줄 때 특히 더 좋아하는 부위가 있어요 99 배를 쓰다듬어주면 기분도 좋아지고 아프지도 않아요 100
배를 덥석 입으로 물거나 간지럼을 태워주세요 100 볼에 '쪽' 뽀뽀해 주세요 101
계속 울 땐 옷을 다 벗기고 스킨십을 해주세요 101
〈육아 솔루션〉 간지럼도 너무 많이 태우면 아기가 힘들어요 102

• 잘못 안아주면 내가 깜짝 놀라요 103

신생아 때는 부드럽게 힘을 주어 안아주세요 104 누워 있는 상태를 유지하며 안아 올려주세요 106
짐볼 위에서 안아줄 땐 뒤로 넘어가지 않게 조심하세요 106
〈육아솔루션〉 아기를 안는 게 서툰 사람에게는 조심 또 조심하세요 107

• 엄마와 나를 억지로 떼어놓는 건 정말 싫어요 108

영영 사라지는 게 아니라는 것을 확인시켜 주세요 109 엄마를 대신할 사람을 자주 바꾸지 마세요 110
〈육아솔루션〉 아기가 분리불안을 느끼는 건 애착 관계가 잘 형성되었다는 증거예요 112

• 유모차에 앉아 있으면 엄마를 볼 수 없어 싫어요 113

가끔씩 유모차를 멈추고 눈을 맞춰주세요 114 유모차를 오래 타면 엄마에게 안기고 싶어져요 115
유모차에 태울 때는 신경을 더 써주세요 116
〈육아솔루션〉 아기 눈높이에서 세상을 한번 보세요 117

Part 04 내 감각은 하루가 다르게 발달하고 있어요

• 야호, 세상이 점점 더 또렷하게 보여요 120

백일 전에는 흑백 모빌을, 이후에는 컬러 모빌을 달아주세요 121
자꾸 새로운 걸 보고 싶고 만지고 싶어요 122 눈에 이상이 있는지 항상 살펴봐주세요 123
〈육아솔루션〉 모빌을 아기에게 묶어주면 더 좋아해요 125

• 낯가림을 하는 건 똑똑해졌다는 증거예요 126

생후 6개월부터는 낯가림을 시작해요 127 낯가림을 할 때 억지로 사람들을 만나면 더 불안해요 128
나에게 시간적 여유를 주고 기다려 주세요 130
〈육아솔루션〉 낯가림이 시작되면 주변을 산책하며 낯선 것에 대한 거부감을 없애주세요 131

• 나도 엄마 기분을 다 알 수 있어요 132

엄마가 우울하면 내 탓처럼 생각돼요 133 나는 엄마의 심리 상태에 놀랄 만큼 민감해요 134
엄마의 감정이 내게 그대로 전달돼요 135
〈육아솔루션〉 아기의 기분을 전환시켜 주세요 136

• 거울에 보이는 내 모습이 너무 신기해요 137

거울 속의 나를 보면 울다가도 눈물이 쏙 들어가요 138 엄마, 난 내 사진을 보며 노는 것도 좋아 139
내가 움직이는 것을 보면 너무 신기해요 141 하나, 둘, 셋 찰칵! 사진을 찍어주세요 142
〈육아솔루션〉 아기는 자기 몸을 알아가면서 자아를 형성하기 시작해요 143

• 나도 분위기 파악할 줄 안다고요 뭐! 144

엄마 아빠가 화가 나 있으면 나는 눈물이 나요 145 가끔은 엄마 아빠 사이가 질투가 나기도 해요 147
〈육아솔루션〉 아기는 엄마의 감정적 반응과 태도를 통해 세상을 배워요 148

• 점점 더 다양한 감정을 느낄 수 있어요 149

내가 느끼는 감정에 같이 공감해 주세요 150 내 감정도 무시하지 말고 존중해 주세요 151
부끄러워할 때는 격려를, 자랑스러워할 때는 칭찬을 해주세요 152
〈육아솔루션〉 부모와의 긍정적인 감정 교류가 중요해요 153

• 대소변 가리기는 내가 하고 싶을 때 할게요 154

대소변 가리기, 너무 일찍 시키면 싫어요 155 개월 수보다는 대소변을 가릴 준비가 되었는지 살펴주세요 157
〈육아솔루션〉 대소변 가리기는 서두르지 마세요 159

Part 05 심심해요! 재미있게 놀아줘요

• 도리도리 까꿍! 또 하고 싶어요 162

울 때는 더 큰 목소리로, 동작도 크게 까꿍놀이를 해주세요 163 다양한 방법으로 까꿍놀이를 해주세요 164
여러 가지 다른 놀이도 해주세요 164 까꿍놀이는 재미있고 자신감도 생기게 해줘요 165
〈육아솔루션〉 까꿍놀이는 분리불안을 없애는 데도 좋아요 166

• 변화무쌍한 놀이에 울다가도 웃게 돼요 167

보글보글, 비눗방울 놀이가 좋아요 168 손수건에서 꽃이 피는 마술을 보여주세요 169
어떻게 풍선이 커졌다 작아졌다 할 수 있나요? 170 인형은 나의 소중한 친구예요 170
〈육아솔루션〉 인형놀이는 엄마의 마음을 표현하는 데도 좋아요 171

• 장난감처럼 책과 친하게 해주세요 172

마음대로 물고 빨 수 있는 책을 주세요 173 오감을 자극하는 그림책이 좋아요 174
책과 숨바꼭질 놀이를 하고 싶어요 175 난장판으로 만들어도 혼내지 마세요 175 책은 이렇게 읽어주세요 176
〈육아솔루션〉 장난감처럼 마음껏 가지고 놀 수 있도록 안전한 책을 주세요 177

• 소리 나는 놀이는 참 재미있어요 178

비닐봉지에서 나는 부스럭 소리가 궁금해요 179 신문지를 구기거나 찢을 때 나는 소리도 재미있어요 180
울다가도 웃게 만드는 '아바바바' 소리를 들려주세요 180 내 목소리를 듣는 것도 신기하고 좋아요 181
〈육아솔루션〉 다양한 소리로 청각을 발달시켜 주세요 182

• 난 반복하는 놀이가 좋은데, 그만하자고요? 183

똑같은 놀이도 내겐 늘 새로워요 184 반복 놀이를 하면서 배워요 185 아빠가 같이 움직이며 놀아주세요 186

〈육아솔루션〉 인내심을 갖고 반복 놀이를 같이 해주세요 187

• 놀 때는 수다쟁이 엄마가 되어주세요 188

찾기 놀이를 할 때 내 이름을 붙이면 더 재미있어요 190 단순하게 짧은 문장으로 말해주세요 191
놀 때 엄마가 얘기를 많이 안하면 신이 덜 나요 191

〈육아솔루션〉 엄마의 수다는 아기의 언어 발달에 효과적이에요 192

• 더 이상 놀기 싫어요, 내 눈빛 좀 봐주세요 193

얼굴을 외면하면 놀이를 멈춰주세요 194 자극이 너무 많으면 호기심이 없어져요 195

〈육아솔루션〉 아기에게도 혼자 쉴 수 있는 시간이 필요해요 197

Part 06 무조건 먹이지는 말아주세요

• 꼭 필요할 때만 공갈 젖꼭지를 물리세요 200

공갈 젖꼭지에 의존하지 않게 해주세요 201 돌 이후에는 공갈 젖꼭지를 물지 않도록 해주세요 202
공갈 젖꼭지는 깨끗하게 소독해 주세요 203

〈육아솔루션〉 모유를 먹일 때는 더더욱 공갈 젖꼭지를 물리지 마세요 204

• 무조건 젖만 물리면 내가 좋아할 줄 아세요? 205

아무리 달래도 계속 울 때만 젖을 물려주세요 206 밤에 젖을 물리는 습관은 좋지 않아요 207

〈육아솔루션〉 이유식은 생후 6개월 정도부터 시작하세요 208

• 밥은 싫어요, 계속 우유만 먹을래요 209

즐겁게 밥을 먹을 수 있도록 해주세요 210 우유병을 끊게 도와주세요 211

〈육아솔루션〉 돌이 지나면 분유보다는 생우유가 좋아요 213

• 간식도 아무 때나 아무거나 주지 마세요 214

운다고 간식을 주지 마세요 215 정해진 시간에만 간식을 주세요 216 간식은 꼭 가려서 주세요 217

〈육아솔루션〉 껌, 사탕, 초콜릿, 견과류는 피해 주세요 219

• 의자는 싫어요, 엄마 무릎에 앉아 먹을래요 220

처음 이유식을 할 때는 의자보다 엄마 무릎이 좋아요 221 내가 좋아하는 장난감을 의자에 달아주세요 222

〈육아솔루션〉 아기를 의자에 앉히는 것도 기술이 필요해요 223

• 내가 밥을 안 먹는 이유를 알아주세요 224

나에게 맞는 이유식을 주세요 225 맛없는 음식은 나도 먹기 싫어요 226
안 먹으려고 하면 그냥 내버려두세요 227

〈육아솔루션〉 억지로 밥을 먹이지 마세요 228

• 내 숟가락으로 혼자 먹어 볼래요 229

밥을 흘리면서 먹어도 혼자 하게 놔두세요 230 혼자 숟가락질할 때 칭찬받는 게 좋아요 231
숟가락질 때문에 밥 먹는 것이 재미있어요 232
〈육아솔루션〉 혼자 숟가락질 하려는 때를 놓쳐서는 안 돼요 233

Part 07 점점 궁금한 게 많아져요

• 바깥 세상에는 무엇이 있을까 궁금해요 236

위험해도 밖에서 노는 게 좋아요 237 산으로 들로 놀러가고 싶어요 238
밖에 나갔을 때는 이야기를 많이 나누어주세요 239
〈육아솔루션〉 비가 올 때는 베란다에서라도 바깥 세상을 보여주세요 240

• 냉장고든 서랍이든 몽땅 열어 보고 싶어요 241

엄마, 같이 문 열고 보면 안 될까요? 242 마음껏 열어 볼 수 있게 위험한 물건은 미리 치워주세요 243
뚜껑을 열어 보는 것도 재미있어요 244
〈육아솔루션〉 집안을 안전한 놀이터로 만들어주세요 245

• 산만한 게 아니라 호기심이 많은 거예요 246

나를 착하고 얌전한 아기로 만들지 마세요 247 왜 안 되는지 이유를 설명해주세요 248
내 호기심을 막지 말아주세요 249
〈육아솔루션〉 산만하다고 집중력이 약한 것은 아니에요 251

• 고추를 자꾸 주물럭거리고 싶어요 252

고추 만진다고 야단치지 마세요 253 고추가 뭘 하는 것인지 알려주세요 254
〈육아솔루션〉 억지로 못하게 하지 말고 다른 데로 관심을 돌려주세요 255

• 멀리 떠나는 여행은 좋으면서도 힘들어요 256

여행 중간중간 충분히 쉴 수 있게 해주세요 257 기차 여행을 할 때는 자리에 신경 써주세요 258
〈육아솔루션〉 낮잠 시간을 이용해 출발하는 것도 좋은 방법이에요 259

• 치카치카, 엄마처럼 칫솔질 해보고 싶어요 260

18개월이면 혼자서 칫솔질을 해볼 수 있어요 261
양칫물을 잘 뱉으면 칫솔에 치약을 묻혀주세요 262
〈육아솔루션〉 치약은 젖니가 날 때부터 사용해도 괜찮아요 263

나는 지금
고향의 소리를 들으며
편안하게 자고
있답니다.

엄마하고
떨어지기 싫어요.
영영 돌아오지 않는 건
아니죠?

엄마, 제발
내 울음의 메시지를
알아주세요.

난 엄마랑 계속
까꿍놀이 하는 게
너무 좋아요.

쪽쪽,
공갈 젖꼭지가
정말 좋아요.

나는야,
대종상 남우주연상감
이랍니다.

엄마,
힘들어하는
내 눈빛 좀
봐주세요.

엄마, 세상에는
재미있고 신기한 것들이
정말 많은 것 같아요.

흑, 나도
엄마의 마음을
이해한답니다.

Part
01

모든 게 낯설고
불안해요

1. 이유 없이 운다고요? 낯설고, 무서워서 그래요

2. 엄마 뱃속으로 다시 돌아가고 싶어요

3. 엄마는 내게 전부예요, 내 우주나 마찬가지라고요

4. 울 때는 그냥 두지 마세요, 더 불안해져요

5. 불편하고 불안해서 나도 모르게 밤에 깨요

6. 엄마 뱃속에서 듣던 소리가 그리워요

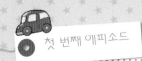

이유 없이 운다고요?
낯설고 무서워서 그래요

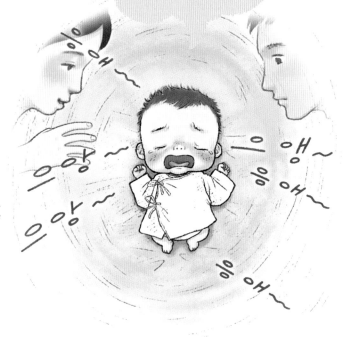

여기가 대체 어디인가요?
낯선 행성에 뚝 떨어졌나 봐요.
엄마, 모든게 낯설고 무서워요.
으앙, 으앙!

대체 여기가 어딘가요? 내가 왜 여기 있는 거죠? 엄마 뱃속에 있을 때는 따뜻하고 편안했는데 여긴 어쩐지 이상해요. 허허벌판에 혼자 내버려진 느낌도 들고, 이상한 소리도 자꾸 들려요.

왜 내가 갑자기 이렇게 낯선 세상에 뚝 떨어진 건지 알 수가 없어요. 앞으로 계속 이곳에서 살아야 하는 건가요? 응애응애~ 싫어요. 응애응애! 정말 무서워요. 자꾸 자꾸 울고만 싶어요.

엄마 아빠는 이런 나를 이해하지 못하는 것 같아요. 왜 자꾸 울기만 하는지 모르겠다며 두 분이 난감해하시는 걸요. 엄마는 속이 상해 금방 나처럼 울어버릴 것 같은 표정이에요.

안 울려고 해도 모든 게 낯설고 불안해서 자꾸 울음이 나오는 걸 어떡해요. 엄마 아빠가 이런 내 마음을 몰라주고 당황스러워하니 더 울고 싶어져요.

🐨 하나부터 열까지 다 낯설고 불안해요

엄마 뱃속에서 나올 때만 해도 난 정말 몰랐어요. 뱃속에서만 느끼던 엄마도 빨리 보고, 가끔 굵직한 목소리로 노래를 불러주던 아빠를 만날 수 있다는 기대감에 부풀어 있었어요. 엄마 아빠가 있는 세상을 보고 느끼고 싶었는데, 이건 생각했던 것하고 너무 달라요.

어쩌면 이렇게 다를 수가 있을까요? 엄마가 옷도 입혀주고, 포근한 이불로 꼭꼭 덮어주는데도 왠지 추운 느낌이 들어요. 이상한 소리도 너무 많이 들려요. 엄마 아빠 목소리는 귀에 익은데, 다른 소리들은 대체 뭔가요? 엄마 뱃속에서는 들어 보지 못한 이상한 소리들이 나를 불안하게 만들어요.

아주 작은 소리만 들려도 반사적으로 온몸을 바둥거리게 되고, 또 나도 모르는 사이에 바둥거리는 움직임에 놀라 크게 울음을 터뜨리게 돼요. 내가 온몸을 바둥거리면서 운다고 놀라지는 마세요. 그럴 때는 내 손과 발을 지그시 눌러주세요. 그러면 나도 안정이 된답니다.

내가 낮이고 밤이고 계속 울어댄다고 너무 속상해하지 마세요. 내가 자주 우는 건 그만큼 끊임없이 주변 환경을 인식한다는 거예요. 어쩌면 울지 않는 아기가 더 문제일 수도 있어요. 그런 아기는 분명 주변을 인식하는 능력이 나보다 떨어질 거예요. 눈에 보이는 것, 소리, 피부로 느껴지는 것 모두 하나부터 열까지 모든 게 낯설고 불안한데, 자주 우는 건 당연한 것 아닌가요?

🐋 울면 제발 바로 안아주세요

응애, 응애······.

또 이상한 소리가 들려 불안해서 울기 시작했어요. 엄마가 내 울음소리를 듣고 꼭 안아주시네요. 엄마가 안아주니 한결 마음이 놓여요. 엄마 품은 마법 같아요. 어쩌면 그렇게 포근하고 따뜻할까요. 안겨 있으면 어느새 불안감이 사라지고 행복해진답니다.

그런데 가끔은 엄마가 내 울음소리를 듣지 못할 때가 있어요. 아직 울음소리가 작아서 그런가 봐요. 엄마가 안아주면 금방 진정이 되는데, 바로 안아주지 않으면 더 불안해져요. 아셨죠?

엄마가 부드럽게 속삭이거나 노래를 불러주면 더 마음이 편해져요. 다른 소리들은 낯설고 불안한데 엄마 목소리는 참 좋아요. 가끔 엄마가 감촉이 좋은 천으로 몸을 감싸주기도 하잖아요. 그럴 때도 기분이 아주 좋답니다.

내가 울면 엄마 아빠는 당황해하실 때도 있어요. 그러다 다투기도 하고요. 내 울음소리가 엄마 아빠를 화나게 만드나 봐요. 그렇지만 엄마, 내가 우는 데는 다 이유가 있기 때문이에요. 이렇게 우는 건 내가 문제가 있어서가 아니라 지극히 당연한 현상이래요. 내가 세상에 태어나 하루가 멀다 하고 쑥쑥 자라고 있는 거 엄마 아빠도 알고 계시죠? 그런 것처럼 내 마음과 두뇌도 쑥쑥 자라고 있고, 곧 세상에 적응하게 될 거예요. 그러면 울음도 조금씩 줄어들 거고요.

나는 지금 완전히 혼란스러운 상태랍니다. 엄마 아빠도 생각해 보세요. 낯선 행성에 홀로 뚝 떨어졌다고 말이에요. 그러면 얼마나 당황스럽고 혼란스럽겠어요? 내가 엄마 아빠를 인식하고 완전히 믿을 수 있을 때까지 좀더 울 거예요. 그래도 이해해 주실 거죠?

얼마 전에는 배도 부르고 기저귀도 뽀송뽀송해서 기분 좋게 누워 있었어요. 그런데 누군가가 나를 안는 거예요. 엄마나 아빠의 편안하고 따뜻한 품을 기대했는데 전혀 모르는 사람이었어요. 순간 난 너무 무섭고 놀라서 앙 울음을 터뜨렸어요. 엄마는 그때 어쩔 줄 몰라 하셨어요. 엄마가 다시 나를 안고 가볍게 토닥거리면서 흔들어주고 주변을 조용히 왔다갔다하며 노래를 불러주었어요. 그랬더니 내 마음이 편안해지면서 울음이 쏙 들어갔어요. 아무래도 엄마의 품에는 울음을 그치게 하는 마법사가 사는 것 같아요.

엄마가 내 할머니 할아버지라고 하는 분들께 굉장히 미안해하는 걸 보니 내가 울음을 터뜨리지 말았어야 했나 봐요. 그래도 어떡해요? 아빠도 이제서야 익숙해졌는걸요. 처음에는 아빠의 품도 낯설었다고요! 난 낯선 느낌은 싫어요. 왠지 마음이 불안해지고 나도 모르게 울음이 나와버리거든요.

곧 익숙해질 테니 기다려 주세요

엄마, 나 때문에 너무 힘드시죠? 죄송해요. 하지만 내가 지금 의지할 수 있는 사람은 세상에 엄마뿐인걸요! 엄마가 안 계시다면 내가 어떻게 이 낯선 세상에 적응할 수가 있겠어요. 조금만 참아주세요. 나도 지금 부지런히 낯선 세상에 적응하려고 무진 애를 쓰고 있답니다. 그러면 더 이상 이렇게 낯설다고 시도 때도 없이 울지는 않을 거예요.

그렇지만 엄마가 참 힘들어 보여요. 나를 낳느라고 힘들었는데 몸도 추스르지 못하고 나를 돌보느라 많이 지치신 것 같아요. 엄마, 엄마가 쓰러지면 나도 슬퍼요. 한두 달 동안만이라도 다른 가족들에게 도움을 청해 보세요. 훨씬 수월해질 거예요. 나도 빨리 이 낯선 세상에 익숙해지도록 노력할게요.

아기가 계속해서 울면 실내 온도와 습도도 살펴보세요

아기가 울 때 중요하게 체크해야 할 것 중의 하나가 방 안의 적당한 온도와 습도
예요. 실내가 너무 덥거나 춥지는 않은지, 또는 너무 습하거나 건조하지 않은지
살펴봐야 합니다.

사람은 어떤 환경에서도 일정 체온을 유지하는 기능이 있지만, 아기는 아직 그런
기능이 약해서 스스로 체온을 조절하지 못합니다. 그래서 주변 환경에 어른처럼
쉽게 적응하지 못하고 덥거나 춥고, 습하거나 건조하면 바로 불쾌감을 느끼게 되
지요. 아기 등에 땀이 흐르고 얼굴이 빨갛게 달아올랐다면 너무 더운 것이고, 얼
굴이 조금 창백하고 손발이 차다면 추운 거예요.

가습기나 젖은 수건을 이용하여 실내 습도를 조절해주고, 실내 공기가 탁하지 않
도록 자주 환기를 시켜주세요. 다만 바람이 아기에게 직접 닿지 않도록 조심하고
요. 그리고 추울 때는 옷이나 담요로 아기를 감싸주고, 더울 때는 선풍기 등을 이
용해 아기가 기분 좋게 느낄 수 있는 온도와 환경을 만들어 주세요.

엄마 뱃속으로
다시 돌아가고 싶어요

오호, 이렇게
포근할 데가 있나!
마치 엄마 뱃속으로 다시
돌아온 느낌이야.

꽁꽁
싸맨 것이 꼭
누에고치
같아.

만족스러운
표정을 짓고 있네.
무슨 생각을 하고
있는 걸까?

엄마 뱃속같이
아주 편안한가
봐.

엄마 뱃속에 있을 때는 좀 답답하기도 했어 요. 자라면 자랄수록 엄마 뱃속이 좁아져 나중에는 거의 움직이지도 못했으니까요. 그때는 너무 답답해서 빨리 밖으로 나가고 싶은 마음뿐이었답니다.

그런데 막상 나와 보니 세상은 내가 예상했던 것과는 너무 달랐어요? 생전 듣지 못했던 소리들도 무섭지만, 공중에 붕 떠 있는 것처럼 무언가 허전하고 쓸쓸한 느낌이 들어요. 바깥 세상이 너무 넓어서 그런가 봐요. 아, 엄마 뱃속에 있을 때가 좋았어요. 조금 좁기는 했지만 따뜻하고 아늑했거든요. 엄마 뱃속으로 다시 돌아가고 싶어요. 뭐 방법이 없을까요?

🌰 수건이나 담요로 자궁 속 환경을 만들어주세요

알았어요. 엄마 뱃속으로 다시 돌아가는 건 불가능하다는 거죠? 그렇다면 이곳을 엄마 뱃속처럼 꾸며주는 건 어때요? 그건 가능한가요? 내가 큰 걸 바라는 건 아니에요. 내 몸이 무언가에 둘러싸여 보호받고 있다는 느낌을 받고 싶을 뿐이에요.

큰 수건이나 담요로 저를 꼭꼭 감싸주면 엄마 뱃속에 있을 때와 비슷한 느낌이 들어요. 큰 수건을 정사각형으로 접고 모서리가 위쪽을 향하게 해서 바닥에 놓아두세요. 그 한가운데에 나를 눕히고, 수건의 남는 아랫부분으로 다리를 감싸듯이 싸주세요. 왼쪽과 오른쪽의 양 모서리로는 두 팔과 몸을 감싸 밖으로 나오지 않게 해주시고요.

헐렁하면 싫어요. 약간 꼭 끼는 정도로 감싸주세요. 엄마 뱃속에 있을 때 느꼈던 압박감 정도는 되어야 내가 안심할 수 있답니다. 그렇다고 너무 힘을 줘서 꽁꽁 감싸지는 마세요. 압박감이 지나치면 포근한 게 아니라 답답하게 느껴지거든요.

어제 낮잠 자고 일어나서 내가 왜 그렇게 많이 울었는지 아세요? 아, 내가 항상 그렇게 많이 울었다고요? 아니에요. 어제는 낮잠 자고 일어나 보니 엄마가 나를 너무 꽁꽁 싸매서 답답하고 기분이 더 나빴었단 말이에요.

그런데도 엄마는 내가 배가 고파 우는 건 아닌지 걱정하면서 우유를 줬고, 기저귀를 살펴봐줬어요. 사실 난 너무 꽁꽁 싸매서 답답해서 운 건데 말이죠. 다행히 엄마가 곧 편안하게 해줬지만요.

아, 그리고 아직은 내가 목을 가누는 데 익숙하지 못하니까 수건으로 내 몸을 감쌀 때는 수건이 얼굴을 가리지 않도록 조심해 주세요. 엄마, 내가 까다로운 아이라고 생각하시는 거예요? 절대 그렇지 않아요. 아직 바깥 세상에 적응이 안 된 것뿐이에요.

🐨 슬링으로 내가 뱃속에 있던 자세를 만들어주세요

엄마! 나는요, 몸을 잔뜩 웅크리고 있는 자세가 참 편안해요. 나에겐 아주 익숙한 자세랍니다. 지난번에 가족 모임 갔을 때 엄마가 슬링으로 나를 동그랗게 감싸 안아주었던 거 기억나세요? 그때 참 좋았어요. 그때 왔던 사촌 별이도 나를 부러운 듯이 쳐다봤던 거 엄마 아세요? 난 몹시 우쭐한 기분이 들었답니다.

슬링으로 안아줄 때 내 엉덩이가 아래로 내려가고 양 무릎이 구부려지고 등이 동그랗게 굽잖아요. 뱃속에서 늘 그런 자세로 있어서 그런지 그 자세로 있을 때가 편해요.

엄마가 몸을 움직이면 더 좋아요. 슬링이 살짝 흔들흔들 할 때의 느낌이 나를 아주 편안하게 해주거든요. 또 슬링으로 안아주면 엄마와 내 몸이 딱 달라붙는 것도 좋고요. 엄마의 애정과 온기가 그대로 느껴져서 행복해요.

참, 엄마 품에 있을 때 좋은 이유가 몇 가지 있어요. 엄마 품에 안겨 엄마와 같이 움직이다 보면 누워 있을 때보다 여러 가지 신기한 것들을 보게 되고 느끼게 돼요. 그런 다양하고 신기한 것들에 자극을 받아 내 두뇌가 많이 발달하게 된답니다.

그리고 말도 빨리 배울 수 있어요. 엄마 품에 있으면 엄마의 말하는 소리가 아주 잘 들리거든요. 그리고 엄마가 말할 때 어떻게 입을 움직이는지, 어디를 바라보고 말을 하는지도 아주 잘 볼 수 있어요. 그래서 다른 사람들의 말에 집중을 하고, 어떻게 말소리를 내는지도 배우게 된답니다.

마지막으로 외부의 낯설고 무서운 소리에 겁을 먹지 않게 돼요. 엄마와 같이 엄마 품에서 자연스럽게 낯설고 무서운 소리를 들어도 떨지 않고 안정을 취하기 때문에 다음번에도 그런 무서운 소리들에 쉽게 겁먹지 않게 된답니다.

아기는 안아주었을 때 안정감을 느끼고 성장도 빨라요

아기가 심하게 울 때 안아주면 신기하게 울음을 그치는 경우가 많습니다. 그런데 엄마 입장에선 아기를 자주, 오래 안아주는 게 너무 힘든 일이지요. 아기들은 9개월 동안 양수로 가득 찬 자궁 속에서 무중력 상태로 떠다녔기 때문에 바닥에 누워 있을 때보다는 안아주었을 때 더 안정감을 느낍니다.

엄마 품속에 있다가 모유를 자주 먹는 아기들은 비교적 성장이 빠릅니다. 수유 간격이 짧을 때 모유 속에 쌓이는 지방 성분이 아기의 성장 발육을 도와주거든요. 아기를 안아주다 보면 엄마가 품속에 있는 아기의 신호를 잘 읽고 반응할 수 있습니다. 또한 엄마 품속에 포근히 안겨 있는 아기는 엄마의 관심을 끄느라 많은 에너지를 소비하지 않아도 되고, 그렇게 아낀 에너지를 쑥쑥 자라는 데 쓰게 된답니다. 아기를 안고 한번 소통해보세요. 엄마도 행복해질 거예요. 아기를 엄마 몸에 밀착해 안아주어도 좋고, 안고서 살살 흔들어주어도 좋답니다.

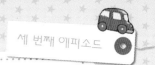

엄마는 내게 전부예요,
내 우주나 마찬가지라고요

으앙, 으앙! 엄마가 눈앞에
없으면 세상이 끝난 것 같아요.
눈앞에 보이지 않는다고
엄마가 사라진 것은 아니란 걸
알려주세요.

오늘은 아빠가 집에 있는 날인가 봐요. 평소에는 "은서야, 바이바이. 아빠 회사 다녀올게." 하며어디론가 나가셨는데, 오늘은 아무 데도 안 나가고 근사한 양복으로 갈아입지도 않고 내 옆에만 있어요.

아빠는 내가 좋은지 나를 보면서 "까꿍~" 하고 웃기도 하고, 딸랑이를 흔들어주기도 해요. 음, 아빠랑 같이 있는 것도 그렇게 나쁘지 않은데요.

아, 그런데 엄마가 좀 이상해요. 어쩐지 기분이 좋아 보이고 또 몹시 바빠 보여요. 다른 날과는 다르게 얼굴에 화장도 하고, 옷도 평소에 입던 것과 다르게 예쁜 옷으로 갈아입있어요. 콧노래까지 부르는 걸 보니 좋은 일이 있나 봐요. 음…… 어디 나가는 걸까요?

엄마가 가는 곳에는 나도 따라가야 하는데, 혹시 나만 그대로 있는 건가요? 나도 엄마처럼 예쁜 옷 입고 엄마랑 같이 나가고 싶은데 말이에요. 며칠 전 엄마 아빠랑 공원에 나갔어요. 낯선 세계가 무섭기도 했지만 상쾌한 공기에 기분도 좋아졌고, 또 집과는 다른 풍경을 보고 내 눈이 휘둥그레졌는걸요! 그날도 외출하기 전에 내복 위에 외출복을 입고 담요로 꽁꽁 감싼 다음에 유모차라는 걸 타고 나갔어요.

그런데 오늘은 불길한 예감이 들어요. 혹시 엄마 혼자 나가는 건 아니겠죠? 나쁜 예감은 꼭 맞는 법인가 봐요. 엄마가 예쁜 얼굴로 내 앞에 오더니 "은서야, 나갔다 올게. 아빠랑 재미있게 지내고 있어." 라고 말하는 거예요. '엄마, 나도 가고 싶어요. 엄마랑 같이 바깥 세상 구경 가고 싶어요. 같이 가요.'라고 말하고 싶어서 나는 엉엉 울었어요. 내가 울자 엄마가 나를 꼭 안아주면서 난처한 얼굴을 하고 있네요. 그래서 난 더더욱 불쌍한 표정을 지으며 울먹였어요. 이렇게 하면 혹시 엄마가 나를 데려갈지도 모르잖아요.

그렇지만 엄마는 어쩔 수 없다는 표정으로 내 손을 꼭 잡더니 나를 내려놓고 아빠한테 잘 부탁한다고 말하고는 현관문 밖으로 나가셨어요. 어떻게 이럴 수가 있어요? 엄마 없이 아빠랑 있으라니요! 난 아빠도 좋기는 하지만, 엄마만큼 좋지는 않단 말이에요!

혹시 지금 나갔다가 다시 안 돌아오는 것은 아니겠죠? 아빠가 아침에 나갔다가 저녁이면 오는 것처럼 엄마도 저녁이 되면 오는 거죠? 으앙~ 아무리 그래도 여전히 슬퍼요. 엄만 하루 종일 나하고만 있어야 하는 거 아닌가요?

엄마는 이런 내가 이해가 안 되겠죠? 껌딱지처럼 엄마 옆에만 붙어 있으려고 하는 내가 때론 귀찮고 밉기도 하겠죠? 나 때문에 아무 일도 못하겠다면서 말예요! 하지만 나도 어쩔 수 없어요. 엄마가 옆에 없으면 난 너무 불안하단 말이에요.

엄마는 나에게 아주아주 특별한 존재예요

이젠 확실히 알겠어요. 엄마는 나에게 아주 특별한 사람이라는 것을요! 배가 고플 때 우유를 주는 사람도, 오줌을 싸서 기저귀가 축축할 때 뽀송뽀송한 새 기저귀로 갈아주는 사람도 다 엄마였어요. 울 때마다 달려와 안아주는 사람도 엄마였고요.

가끔은 아빠도 엄마를 대신해 나를 보살펴준다는 걸 알아요. 그렇지만 아빠는 어쩐지 믿음이 덜 가요. 아빠도 나를 예뻐하고 사랑한다는 건 알지만 바빠서 많은 시간을 나와 함께 있어주지는 못하잖아요. 역시 엄마밖에 없어요. 내가 이렇게 하루하루 건강하게 쑥쑥 자랄수 있는 건 다 엄마 덕분이에요.

엄마가 내게 특별한 존재라는 걸 알고 나니 더욱 엄마랑 떨어지기싫어졌어요. 이런 내가 엄마는 힘드시죠? 그렇지만 엄마는 내게 전부예요. 엄마는 내 우주나 마찬가지라고요. 그러니 엄마에게만 징징대며 매달린다고 너무 귀찮아하지 마세요.

🐢 멀리 간 것이 아님을 확인시켜주세요

요즘 엄마는 부쩍 힘들어하세요. 내가 엄마에게서 잠시도 떨어져 있으려고 하지 않기 때문이죠. 나도 어쩔 수가 없어요. 엄마가 내 눈앞에 보이면 행복한데, 엄마가 눈앞에서 사라지는 순간 세상이 끝난 것처럼 불안하고 막막하니 어떻게 해요? 그래서 엄마가 일어나 어디론가 가면 나도 엄마 뒤를 졸졸 따라가면서 울어요. 기어서 엄마를 따라가는 게 힘들지만 엄마를 잃어버리는 것보다는 낫잖아요.

엄마는 나 때문에 화장실도 마음대로 못 간다며 울상을 짓네요. 나는 항상 엄마와 함께 있고 싶은 것뿐이에요. 아, 좋은 방법이 있어요. 화장실에 갈 때 문을 열어두어 내가 엄마를 볼 수 있게 해주세요. 아니면 계속 나에게 말을 걸어주세요. 지난번에 엄마가 화장실에 갔을 때 내가 화장실 앞까지 기어가 울고불고 하자 엄마가 "엄마 응가하고 금방 나갈게.", "엄마 여기 있어요.", "우리 은서 착하지? 잠깐만 기다려 줘."라고 말해 주니 좀 덜 불안했어요.

엄마가 눈앞에 보이지 않는다고 사라진 것이 아님을 알 때까지만 옆에 있어주세요. 엄마는 내가 계속 엄마만 졸졸 따라다니면 어떻게 하나 걱정스럽겠지만 그렇지 않아요. 조금만 더 자라면 엄마가 곁에 없어도 잘하는 날이 올 거예요. 설마 내가 중학생·고등학생이 되었을 때도 엄마 뒤를 따라다닐 거라고 생각하는 건 아니죠? 그저 성장하는, 발달 단계의 한 과정이라고 생각해 주세요.

육아솔루션

아기의 분리불안은 정상적인 성장 과정이에요
아기가 잠시도 떨어져 있지 않으려고 해서 아무것도 할 수 없다는 엄마들이 많습니다. 집안일보다 아기가 더 중요한 것은 분명하지만 그렇다고 집안일을 아예 하지 않을 수는 없지요. 그런데 아기가 잘 놀다가도 집안일을 시작하려고만 하면 우는 경우가 많습니다. 이때 아기가 우는 건 옆에 있어 달라는 뜻이에요. 무리하게 떼어놓으면 아기가 불안해하며 더 울 수 있어요.
그럴 때는 힘들겠지만 우는 아기를 포대기나 아기띠로 등에 업고 집안일을 할 수도 있어요. 양손을 사용할 수 있어서 아기를 돌보는 동시에 요리나 청소를 할 수 있지요. 아기는 엄마와 딱 달라붙어 있는 것에 안심하고 어느새 새근새근 잠든답니다. 이 방법은 저녁 때만 되면 우는 아기에게도 효과가 있어요.

울 때는 그냥 두지 마세요,
더 불안해져요

이게 어찌된 일이죠? 처음에는 울면 엄마가 바로 달려와서 안아주고 달래줬는데 언제부턴가 울어도 잘 달래주지를 않아요. 왜 그러시는 거죠? 엄마가 울어도 달래주지 않으니까 더 불안해서 견딜 수가 없어요.

울어도 아무도 달래주지 않을 때면 난 세상에 홀로 있는 것 같은 기분이 들어요. 엄마가 나를 사랑하지 않는 것 같은 느낌이 들어 슬프고 외롭기도 해요.

그리고 울 때 빨리 달래주지 않으니까 더 큰 목소리로 울게 돼요. 큰소리로 울면 확실히 효과가 있어요. 엄마가 바로 달려오시거든요. 그렇지만 우는 동안 불안감이 더 커져 엄마가 안아줘도 빨리 진정이 안 돼요. 서운한 마음까지 들기도 하는걸요.

울 때 달래주는 엄마를 보며 사랑을 확인해요

내가 자꾸 우니까 엄마도 참 힘들 거예요. 나도 알아요. 하지만 울 때 엄마가 잘 달래주면 불안감도 사라지고, 무엇보다 엄마의 사랑을 느낄 수 있어서 좋아요. 울 때마다 달려와 열심히 달래주는 엄마가 내 겐 최고로 소중한걸요. 그래서 엄마를 보면 안정을 느끼게 되나 봐요.

울면 바로 나에게 달려오는 엄마를 보면, 엄마만큼 믿을 만한 사람도 없다는 생각을 하게 돼요. 그런데 울어도 엄마가 달래주지 않으면 엄마가 나를 싫어한다는 생각이 들어요. 엄마가 나에게 얼마나 절대적인 존재인지 아세요? 나는 지금 혼자서는 아무것도 할 수 없어요.

엄마가 돌봐주지 않으면 나는 아마 죽을지도 몰라요.

엄마의 사랑을 자주 확인하고 싶어요. 아직은 엄마를 완전히 믿지 못하겠어요. 엄마에게 의지할 수밖에 없으면서도 과연 엄마를 믿고 의지해도 좋은지 혼란스러울 때도 있어요. 울어도 엄마가 달래주지 않을 때 그런 생각이 더 많이 들지요. 그러니 내가 울면 제발 그냥 내버려두지 마세요.

✫ 우는 것도 좋은 운동이라고요?

할머니께서 엄마에게 이런 말씀을 하셨어요. "우는 것도 폐 운동이 되니 아기가 울고 싶은 만큼 울게 내버려두는 것도 괜찮단다."

어떻게 그런 소리를 하실 수가 있죠? 엄마, 할머니 말 듣지 마세요. 내 입장에서 생각해 보세요. 엄마가 보기엔 내가 아무 이유도 없이 우는 것 같지만 그렇지 않아요. 불쾌하고 불안해서 우는 거예요. 도와줄 사람은 엄마밖에 없는데, 할머니 말만 듣고 울게 내버려두면 난 정말 슬퍼요.

폐 운동을 굳이 울면서 해야 하나요? 폐는 자라면서 자연스럽게 튼튼해질 텐데 말이죠. 그리고 잘 모르시는 말씀인데요, 많이 우는 건 절대 폐 운동에 도움이 되지 않는답니다. 지나치게 많이 울게 되면 핏속의 산소 농도가 낮아져서 스트레스 호르몬 수치만 높아진다고요.

엄마, 힘들고 짜증이 나더라도 나를 조금만 더 도와주세요. 엄마의 도움으로 안 좋은 상황을 해결해 나가다 보면 언젠가는 내 힘으로도 문제를 해결할 수 있을 거예요.

엄마는 종종 너무 많이 안아주어 내가 버릇 없는 아이로 자랄까 봐 걱정하시는 거죠? 그런 걱정은 절대 할 필요가 없어요. 엄마의 사랑을 확인하고 세상에 적응이 되면 나는 순한 아기가 될 테니까요.

내가 울면 잠깐 하던 일을 멈춰주세요

엄마는 참 대단해요. 나를 돌보는 것도 힘들 텐데, 밥도 하고 청소도 하고 빨래도 하잖아요. 해야 할 일이 많다는 건 알지만 내가 울면 하던 일을 멈추고 바로 나를 달래주었으면 좋겠어요. 내가 자주 울기도 하지만 잠도 많이 자는 잠꾸러기잖아요. 엄마, 집안일은 내가 잘 때 하면 안되나요? 지금 이 시기는 엄마가 집안일을 하는 것보다 내 옆에서 나를 챙겨주는 게 발달에 정말 중요하거든요.

오늘은 아침부터 기분이 좋지 않았어요. 아침에 일어나 보니 배도 고프고 내 옆자리가 허전했으니까요. 일어나기 전에 엄마의 따뜻한 품속에 좀 더 있고 싶었는데 엄마가 보이지 않자 갑자기 화가 나서 울음을 터뜨렸어요. 그런데 엄마가 내 울음소리를 듣지 못했나 봐요. 그래서 더 크게 울었어요. 너무 울어서 얼굴이 빨갛게 달아올랐지요. 그제서야 엄마가 달려왔어요. 후유, 안심이 되었어요.

그렇지만 한순간에 울음이 그쳐지지는 않아요. 엄마가 재빨리 안아줘도 내가 울음을 그치지 않자 엄마는 우유를 주었어요. 엄마의 따뜻한 품속에서 맛있는 우유를 먹기 시작하자 내 마음도 편안해졌고 울음이 조금씩 멈추었어요.

가끔은 엄마가 이유식을 만드느라 내가 울어도 바로 오지 않을 때가 있어요. 엄마가 직접 만든 이유식은 정말 맛있어요. 그렇지만 난 이유식보다 엄마가 더 좋아요. 이유식은 안 먹어도 살 수 있지만 엄마의 사랑을 확인하지 않으면 살 수가 없답니다.

그 어떤 일보다 엄마에게 내가 제일 소중한 것 맞죠? 엄마가 집안일 하느라 나를 돌봐주지 않으면 집안일이 더 중요하다는 생각이 들어요. 엄마, 그렇지 않다는 걸 확인시켜 주세요.

육아솔루션

하던 일에서 도저히 손을 뗄 수 없을 때는 목소리라도 들려주세요
아기가 울면 하던 일을 멈추고 바로 달려가 달래주는 것이 좋습니다. 그러나 하던 일에서 도저히 손을 뗄 수 없을 때도 있을 거예요. 손님이 곧 올 예정이어서 급하게 청소를 해야 한다든가, 도중에 끊을 수 없는 아주 중요한 전화를 받는다거나, 바로 일을 멈출 수 없는 상황이 있습니다.
그럴 때는 아기에게 "미안해, 조금만 기다려."라고 말해 주세요. 알아듣지도 못하는 아기에게 그런 말이 효과가 있을까 의심스럽다고요? 정말 효과가 있답니다. 그것도 아주 큰 효과가요. 엄마가 눈에 보이지 않는 곳에 있어도 목소리를 들려주면 아기는 안정감을 느낀답니다.
아기의 울음에 즉각즉각 호응을 해주지 않고 지나쳐 버린다면, 의사 표시에 정말 중요한 아기의 울음을 파악할 수 없게 된다는 것을 기억하세요.

불편하고 불안해서
나도 모르게 밤에 깨요

엄마, 한밤중에 한번도
깨지 않고 푹 자고 아침에
방긋 웃는 얼굴로 일어나는
천사 같은 아기는 이 세상에 없답니다.
조금만 참으세요! 엄마를 힘들게 하는
시간도 곧 지나갈 거예요.

꿍···

엄마, 지난밤에는 정말 깜짝 놀랐어요. 눈을 떴는데 세상이 온통 깜깜한 거예요. 엄마는 내 옆에 있는데도 쿨쿨 잠에 빠졌는지 내가 깬 것도 전혀 모르는 것 같았어요. 그래서 몸을 바둥거려 봤지만 엄마는 꼼짝도 하지 않았어요. 깜깜하니까 불안하기도 하고 무서운 괴물이 나타날 것만 같았지요. 갑자기 내가 지금 어디에 있는지도 잘 모르겠다는 생각이 들어 그만 나도 모르게 으앙 울어버렸어요.

내 울음소리에 엄마가 깜짝 놀랐나 봐요. 벌떡 일어나 바로 나를 안아주셨으니까요. 다른 때 같았으면 엄마가 안아주면 바로 울음을 그칠 수 있었는데 어쩐지 잘 안 됐어요. 엄마가 나를 안고 토닥여주고 내가 제일 좋아하는 자장가까지 불러주었지만 나는 계속 울음이 나왔어요.

달래도 내가 울음을 그치지 않자 엄마도 자다 일어나서 짜증이 났는지 화를 버럭 내셨어요. 아, 엄마가 무서운 얼굴로 화를 내면 나는 더 무서워져요. 엄마는 천사처럼 예쁜 얼굴로 나를 봐주기도 하지만, 밤에 내가 울 때면 너무나 무서워지는걸요.

엄마, 나를 이해해 주세요. 아직은 밤이 낯설고 무서운 거예요. 시간이 지나면 나도 밤새 푹 잘 자고 아침에 방긋 웃는 얼굴로 일어날 수 있을 거예요. 하지만 아직은 아니에요. 한 번 잠들면 아침까지 푹 자면 좋겠는데, 자꾸 잠이 깨요. 밤은 정말 싫어요. 눈을 떴을 때 펼쳐지는 캄캄한 세상이 무섭기만 하답니다.

밤에 깨서 울면 엄마는 더 힘드신 모양이에요. 나도 깨고 싶어 깨
는 게 아니랍니다. 솔직히 왜 깨는지 나도 잘 모르는 걸요. 그냥 불안
하고 불편한 느낌이 들 때 깨는 것 같아요. 엄마가 도와줄 수 있죠?
엄마는 못하는 게 없잖아요. 내가 좀 더 편안하게, 안심하고 잘 수 있
도록 도와주세요. 내가 깨지 않고 푹 자야 엄마도 잘 수 있어요.

그렇지만 엄마, 하루에 낮잠을 두 시간씩 꼬박꼬박 자고 저녁 일곱
시에 잠들어서 아침 여덟 시에 일어나는 천사 같은 아기는 없다는 거
알고 계시나요? 그리고 엄마를 이렇게 힘들게 하는 순간도 곧 지나간
다는 것을 잊지 마세요. 난 항상 엄마를 사랑하고 엄마의 사랑을 확인
하고 싶은 아기일 뿐이에요.

어떤 날은 내가 잠들기 싫어할 때도 있을 거예요. 그럴 때는 나를
안아주고 노래를 불러줬다가 딸랑이도 흔들어주고 흔들침대에 눕혀
보기도 하세요. 한 시간도 넘게 엄마가 나를 재우려고 애쓰기보다는
잠깐 나랑 같이 놀아주는 건 어때요? 아주 잠깐만요! 저녁에는 나 역
시 피곤하기 때문에 몇 시간이고 눈을 반짝이며 놀지 못해요. 조금만
놀다 보면 금세 하품을 하게 될 거예요.

🐨 생활에 규칙적인 리듬이 생기게끔 해주세요

나 때문에 엄마도 밤잠을 설쳐 함께 늦잠을 자는 경우가 많아요.
그래서 엄마는 아빠가 출근하는데도 배웅을 못할 때가 있어요. 엄마
가 일찍 일어날 때도 있는데, 그런 날에도 내가 저절로 눈을 뜰 때까

지는 억지로 깨우지 않아요. 충분히 잘 수 있도록 배려해 주는 엄마가 좋지만, 일어나고 자는 시간이 좀 불규칙해서 내가 밤에 자다 깨는 것은 아닐까요?

그러고 보니 밥 먹는 시간도 불규칙하고, 낮잠 자는 시간도 일정치가 않네요. 아무 때나 먹고 싶을 때 먹고 자고 싶을 때 잔다는 게 꼭 좋은 것만은 아닌 것 같아요. 아기라도 어느 정도 규칙적으로 생활해야 리듬이 생겨 잠도 푹 잘 수 있지 않나요?

엄마, 되도록이면 아침에 같은 시간에 눈을 뜨게 해주세요. 아침 햇살과 맑은 공기를 충분히 느끼게 해주세요. 가능하면 일정한 시간에 산책도 시켜주시고요. 햇볕을 많이 쬐면 잠을 푹 잘 수 있게 도와주는 호르몬이 많이 생긴대요.

밥도 가능하면 일정한 시간에 먹여 주세요. 규칙적으로 일어나고 식사하면 자연스럽게 낮잠 시간도 일정해진답니다. 낮잠은 꼭 안 자도 상관없어요. 그래도 내가 낮잠을 조금 자야 그 사이에 엄마도 쉬고 다른 집안일도 할 수 있겠죠? 그렇지만 너무 오래 낮잠을 재우지는 마세요. 낮잠을 많이 자면 밤에 잘 못 자요.

엄마, 낮에 신나게 논 날에는 잠이 더 잘 와요. 햇볕도 많이 쬐고, 산책도 하고, 몸을 많이 움직인 날에는 한 번도 깨지 않고 아침까지 잘 수 있답니다. 물론 몸이 힘들 정도로 논 날에는 오히려 잠을 설치기도 하지만요. 아기 혼자서는 규칙적인 생활 습관을 갖기 어렵다는 것, 엄마도 잘 아시죠? 엄마가 도와주세요!

잠을 푹 자려고 해도 잠자리가 불편해서 잠이 깰 때도 많아요. 나를 재울 때는 잠자리가 편안한지 꼭 좀 살펴봐주세요. 방 안은 너무 깜깜하지 않게 어두운 정도의 조명이 좋아요. 낮인지 밤인지 확실하게 구분이 되어야 숙면을 취할 수 있답니다.

가능한 한 소음도 최대한 줄여주세요. 잠을 방해하는 소리는 참 많아요. 엄마 아빠가 거실에서 텔레비전을 보거나 큰소리로 웃고 이야기하면 그 소리 때문에 잠을 푹 잘 수가 없어요.

자기 전에는 텔레비전이나 DVD 등도 보지 않도록 해주세요. 텔레비전이나 DVD 같은 영상은 너무 자극적이고 화려해요. 보고 나면 한동안 흥분이 가라앉지 않아 잠이 잘 안 온답니다.

너무 더워도 싫어요. 특히 겨울에는 엄마가 내가 추울까 봐 옷을 너무 많이 껴입히거나 두꺼운 이불로 나를 꼭꼭 덮어놓곤 해요. 내가 말을 못 해서 그렇죠! 정말 견디기가 어려워요. 한겨울에도 땀띠가 날 정도라니까요.

엄마, 어른들과 나는 달라요. 나는 아직 체온 조절 기능이 완전히 발달하지 않았어요. 그래서 피부를 노출하여 열을 내보내지 못하면 쉽게 더위를 느끼고 땀을 흘린답니다. 난방이 잘 되어서 한겨울에도 엄마처럼 그렇게 이불로 옷으로 꽁꽁 싸매지 않아도 돼요.

내가 더워하는지 확인하려면 잘 때 가끔 등에 손을 넣어보세요. 더우면 등에서 땀이 나는 경우가 많아요. 땀을 흘린다면 바로 이불을 바꿔주세요. 이불 밖으로 손발이 나올까 봐 걱정스럽다면 몸을 전부 감싸는 실내복을 입혀주어도 좋아요. 그러면 혹시 내가 이불을 걷어차도 몸이 차가워지는 걸 막을 수 있답니다.

옆에 엄마가 있으면 무섭지 않아요

분명 잘 때는 옆에 엄마가 있었는데, 자다 보면 뭔가 허전한 느낌이 들어요. 손을 뻗어 엄마를 만져 보려고 해도 만져지지 않고, 엄마의 좋은 냄새도 나지 않아요. 그럴 때 눈을 떠 보면 엄마가 꼭 내 곁에 없어요. 으앙 으앙! 울어서 내가 깼다는 신호를 보내면 엄마가 금방 오긴 해요.

그런데 내가 자주 깨다 보니 엄마 표정이 좋지 않은 것 같아요. 아빠가 늦게 와 아빠를 맞이하고 이야기를 나누느라 계속 내 옆에 누워 있지 못하는 건가요? 싫어요. 내가 잠이 들어도 어디 가지 말고 꼭 내 옆에 있어주세요. 잠이 들었다가도 엄마가 없다는 느낌이 들면 잠이 깬단 말이에요.

엄마, 엄마 없이 자는 게 얼마나 무섭고 불안한지 아세요? 내가 안심하고 푹 잘 수 있게 도와주세요.

매일 늦게 들어오는 아빠가 문제라고요? 그럼 아빠도 좀 일찍 들어오시면 안 돼요? 엄마뿐만 아니라 아빠까지 함께 자면 난 더 무섭지 않을 것 같아요.

너무 크게 울면 일단 깨워 기분 전환을 시켜주세요

자다가 내가 작게 칭얼거리며 깰 때 있잖아요? 그때 엄마가 바로 나를 달래주면 금방 다시 잠이 와요. 나를 품에 안고 물이나 우유를 먹여주면 무섭고 불안했던 마음이 편안해지거든요.

그런데 내가 갑자기 엄마가 깜짝 놀랄 정도로 큰 소리로 울 때는 확실하게 깨워주세요. 그때는 뭔가 아주 무서운 꿈을 꾸고 있는 거예요. 나는 아직 그게 꿈인지 현실인지도 구분하지 못해요. 그래서 더 무서워요. 그러니 큰소리로 울면 얼른 잠을 깨워주세요. 보통 자다 깨서 울 때는 완전히 잠이 깬 게 아니거든요.

엄마는 다시 재워야 한다는 걱정에 깨우는 게 겁이 날 수도 있겠죠? 하지만 빨리 깨워서 꿈에서 벗어나게 해주지 않으면 난 너무 무서워 자지러질지도 몰라요.

나를 확실하게 깨우려면 방에 불을 켜주거나 나를 안고 거실이나 베란다로 나가주세요. 옷을 갈아입혀 주어도 좋아요. 잠에서 깨면 점점 안정이 되어 신나게 놀기 시작할 때도 있지만 너무 걱정 마세요. 밤에는 조금만 놀아도 금방 꿈나라로 갈 수 있답니다.

엄마, 나 때문에 자주 잠을 깨서 짜증나시죠? 하지만 엄마가 나와 특별한 시간을 갖는다고 생각해 보세요. 아주 조용한 가운데 누구의 간섭도 없이 엄마와 나랑 서로 교감한다고요. 그러면 엄마도 덜 힘드실 거예요.

아기는 작은 자극에도 쉽게 잠을 깨요

생후 6개월이 지나면 아기가 밤에 우는 일이 잦아져요. 잘 자던 아기가 갑자기 큰 소리로 울기 시작해서 엄마도 편안하게 잘 수가 없답니다.

아기가 밤에 우는 이유는 아직 확실하게 밝혀지지 않았어요. 다만, 아기는 어른보다 얕은 잠을 잘 때가 잦아서 작은 자극에도 쉽게 잠을 깬다고 해요. 또는 기억력이 향상되면서 자는 중에 대뇌가 낮에 있었던 일들을 정리하는 과정에서 흥분해서 우는 것이라는 가정도 있어요.

낮에 신나게 놀면 숙면에 도움이 되지만 너무 심하게 놀아 자극이 과하면 오히려 깊은 잠을 못 자기도 한답니다. 모두 잠든 조용한 밤중에 울려 퍼지는 울음소리는 낮보다 시끄럽게 느껴지기 때문에 제발 그만 울었으면 하는 생각이 들기도 할 거예요. 날마다 이런 일이 계속되면 엄마도 지쳐서 울고 싶어지겠지요.

안타깝게도 밤에 우는 아기를 달랠 수 있는 특효약은 없습니다. 그렇지만 일단은 아기가 기분 좋게 잘 수 있도록 환경을 만들어주는 것이 중요해요. 아기 방은 조명을 어둡게 하고 큰 소리나 텔레비전, 음악 소리가 들리지 않게 해주세요. 그리고 덥거나 춥지는 않은지 점검하는 것도 잊지 마세요. 할 수 있는 조치를 다 취해도 여전히 아기는 밤에 자주 깨서 울 수 있어요. 어떤 아기나 다 그래요. 내 아기만 그런 것이 아니니 조금은 느긋한 마음으로 기다려 주세요.

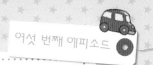

엄마 뱃속에서 듣던
소리가 그리워요

마음이 정말 편해지네.
그래, 바로 이 소리야!
아, 이 편안하고 그리운
고향의 소리…….

달그락 ♬♪

달그락 ♪ ♬

빵빵 ♬♪ ♫

윙~

달그락 달그락……. 위이이잉~ 내가 좋아하는 소리 예요. 처음 엄마 뱃속에서 나왔을 때는 이 세상에 이상하고 낯선 소리들만 있는 줄 알았어요. 그래서 생전 들어보지도 못했던 소리를 들을 때마다 울었는데, 익숙한 소리도 있다는 걸 알았어요. 정말 얼마나 기쁘고 안심이 되던지요.

내가 좋아하는 소리는 말이죠, 엄마 뱃속에 있을 때 자주 듣던 소리와 진짜 비슷해요. 그 소리를 듣고 있으면 마음이 정말 편안해지는 것 같아요. 기분이 나쁘거나 불안할 때 엄마 뱃속에서 듣던 소리를 들으면 나도 모르게 안심이 된답니다.

유모차 소리는 자장가 같아요

전에 엄마가 아무리 달래도 내가 울음을 멈추지 않자 유모차에 태웠었잖아요. 처음에는 엄마에게 떨어지기 싫어 더 크게 울었어요. 그런데 엄마가 유모차를 앞으로 뒤로 밀자 달가닥달가닥 소리가 나는 거예요. 어디서 많이 듣던 소리였어요. 어디서 들었을까? 아, 그래요! 바로 내가 엄마 뱃속에서 많이 듣던 그 소리랑 닮아도 너무나 닮은 거예요.

유모차의 달가닥 소리를 들으니 점점 마음이 안정되었어요. 달가닥달가닥 반복적으로 내가 좋아하는 소리가 들려와 잠도 솔솔 왔어요. 그래서 나도 모르는 사이에 잠이 들었답니다.

엄마는 유모차의 달가닥 소리가 시끄러워 오히려 나를 불안하게 만들까 봐 걱정스럽기도 한가 봐요. 하지만 그렇지 않아요. 엄마한테는 시끄러운 소리일지 몰라도 나에겐 자장가처럼 감미롭고 편안한 소리랍니다.

텔레비전의 지지직 소리도 좋아요

태어난 지 몇 달 안 됐을 때의 일이에요. 어디선가 지지직 소리가 들려오는 거예요. 어디서 들리는 소리인지 귀를 기울여 보니 텔레비전 쪽에서 나는 소리였어요. 화면에는 지글지글 표시 외에는 아무것도 없었어요. 아마 방송이 나오지 않는 채널이었나 봐요. 그래서 지지직 소리가 났던 모양인데, 그 소리가 나는 너무 좋았어요. 마치 자장가 같았거든요. 엄마 뱃속에서 들었던 소리하고도 아주 비슷했고요.

엄마, 내가 울 때 이 소리를 들려주세요. 너무 크게 말고요. 지지직 소리를 듣고 있으면 마음이 안정이 돼요. 그런데 엄마, 소리는 듣기 좋은데, 지글거리는 화면은 싫어요. 눈도 아프고 어지러워서 오히려 마음이 불안해져요. 화면은 보기 싫으니 소리만 들려주세요.

'똑, 똑, 똑, 똑!' 손가락으로 책상을 두드려주세요

엄마 뱃속에서 듣던 소리를 들려줄 수 없는 상황이라고요? 싫어요. 난 지금 몹시 기분이 나쁘고 불안하단 말이에요. 엄마한테서도 떨어지고 싶지 않아요. 나를 꼭 안아주고 내가 좋아하는 소리도 들려주세요.

좋은 방법이 있어요. 한 손으로는 나를 꼭 안아주고 다른 한 손을 책상에 올려놓고 손가락으로 '똑, 똑' 소리가 나게 두드려 보세요. 조금 큰 소리가 나게 두드려 주셔야 해요. 손목이 움직이지 않도록 조심하며 손가락에 힘을 줘서 두드리면 큰 소리를 낼 수 있답니다. 소리가 작으면 들을 수가 없잖아요.

어쩌면 바락바락 우느라 엄마가 두드리는 소리를 못 들을 수도 있어요. 그렇다고 쉽게 단념하시면 안 돼요. 나도 힘이 들어 쉬지 않고 계속 울 수는 없어요. 잠깐 숨을 고르느라 울음을 멈췄을 때 '똑, 똑' 책상 두드리는 소리가 들리면 난 분명 그 소리에 호기심을 보일 거예요. 내가 아주 그리워하던 태내음 소리니까요.

'똑, 똑' 소리는 일정한 속도를 유지하면 좋겠어요. 속도는 약간 느려야 효과적이에요. 심장 박동수와 비슷한 리듬으로 소리를 내면 마음이 안정이 돼요.

엄마 아빠의 목소리는 마음을 안정시켜요

엄마는 내가 뱃속에 있을 때 많은 얘기를 해주시고 노래도 불러주셨지요. 정말 뱃속에서 들리는 엄마 목소리는 굉장히 감미로웠답니다. 간간히 아빠 목소리도 들렸어요. 나는 아빠가 낮은 목소리로 책 읽어주는 게 너무 좋았어요. 태어난 후 낯선 목소리들 사이에서 엄마와 아빠 목소리가 들려왔을 때 정말 반가웠어요. 낯선 세상 속에서 나 혼자 떨어져 있는 건 아니구나 하는 느낌이었답니다.

내가 칭얼거리고 힘들어할 때는 엄마가 뱃속에서 나에게 불러주었던 노래를 들려주거나 조곤조곤 얘기를 해주세요. 아빠가 낮은 목소리도 책을 읽어주어도 좋아요. 그러면 나는 엄마 뱃속에서의 그 포근함을 느끼면서 마음이 안정이 될 거예요.

육아솔루션

청소기, 드라이기, 환풍기 소리 모두 태내음과 비슷해요

엄마 뱃속에 있을 때 아기는 많은 소리와 리듬을 듣게 됩니다. 24시간 계속적으로 반복되는 양수나 엄마의 혈액이 흐르는 소리, 엄마 장운동 소리, 엄마 심장 박동 리듬 등과 이따금 엄마 몸 외부로부터 들려오는 사람 목소리, 자동차 소리, 그릇 소리 등에 둘러싸여 생활을 하지요. 이런 소리와 리듬을 태내음이라고 한답니다. 아기는 세상에 태어나서 태내에서 듣던 소리나 리듬을 느끼면, 안정감을 느끼게 돼요. 유모차의 진동음, 텔레비전에서 나는 지지직 소리, 손가락으로 책상을 두드릴 때 나는 '똑, 똑' 소리 외에도 태내음과 비슷한 소리는 많아요. 조금만 돌아보면 주변에서 쉽게 찾을 수 있답니다.

청소기를 돌릴 때 나는 소리도 태내음과 비슷해요. '윙!' 하고 울리는 소리가 시끄러울 것 같죠? 아기한테는 그렇지 않답니다. 어른들한테는 시끄러운 그 소리를 들으며 아기는 진정을 하고 조금씩 울음을 멈출 거예요. 물론 소리가 너무 크지 않게 해주어야 하고요.

이 밖에도 드라이기를 사용할 때 나는 소리, 환풍기가 돌아가는 소리, 수도꼭지에서 물이 흐르는 소리 등도 아기가 엄마 뱃속에서 들었던 소리들과 비슷해요. 태내음과 비슷한 여러 가지 소리를 찾아 들려주세요. 아기가 안정을 찾고 좋아할 거예요.

내가 왜 우는지
제발 좀 알아주세요

1. 나는 울음으로 말할 수밖에 없잖아요

2. 배가 고프거나 기저귀가 축축할 때 주로 울어요

3. 칭얼거리며 울면 졸린 거예요

4. 몸이 아플 때는 날카롭게 운답니다

5. 관심이 필요할 때는 우는 척도 해요

6. 아기라고 무시하지 마세요, 나도 내 생각이 있어요

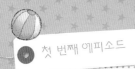

나는 울음으로
말할 수밖에 없잖아요

으앙, 으앙! 엄마,
그게 아니라니까요.
아직도 내 울음 소리의 차이를
모르시는 거예요? 난 지금 오줌을
쌌다니까요! 축축해요.
기저귀 갈아 달란 말예요!

짤 짤짤 짤 짤

54

엄마, 나는 아직 말을 할 줄 몰라요. 배가 고프면 배가 고프다고, 불안하면 불안하니까 안아달라고, 졸리면 졸리니 재워달라고 얘기하고 싶은데 어떻게 하는 건지 모르겠어요.

내가 할 수 있는 거라곤 우는 것뿐이에요. 말을 할 줄 모르니 울음으로 의사 표현을 할 수밖에 없으니까요. 이런 나를 두고 왜 자꾸 우느냐고 하면 정말 속상해요. 나에게 울지 말라는 건 원하는 것이 있어도 말하지 말라는 거나 마찬가지잖아요. 그럴 수는 없어요. 말을 배우기 전까지 나는 계속해서 울 거예요. 으앙, 으앙!

🐋 내가 우는 데는 다 이유가 있다니까요

오늘 낮에는 여러 가지로 힘들었어요. 잠자리도 불편하고, 배도 자주 고프고, 방이 더운지 몸에 열도 나는 것 같았어요. 그래서 자꾸 울었어요. 다른 날보다 좀 많이 울긴 했어요. 그랬더니 엄마가 조금은 짜증스럽게 "빈아, 대체 왜 우는 거니? 우유도 먹었고, 기저귀도 뽀송뽀송한데 왜 우는 거야. 엄마 속상하게……."라고 말하는 거예요.

태어난 지 얼마 안 되었을 때는 내 울음소리가 작아서 엄마 귀에 거슬리지 않았을 거예요. 오히려 귀여웠을 거 같아요. 그렇지만 내가 생각해도 요즘의 나는 목소리가 우렁찰 정도로 크게 울어요.

엄마, 내가 우는 건 "엄마, 나 힘들어요. 좀 봐주세요!"라고 말하는 거랍니다. 그런데 엄마가 나를 아무 이유도 없이 우는 아기처럼 생각해서 굉장히 속상해요. 내가 그렇게 생각 없는 아이는 아니라고요. 물론 나는 아직 표현이 서툴러요. 내 의사를 정확히 전달하려면 어떻게 해야 하는 건지 잘 모르겠어요. 그래도 최선을 다해 열심히 울면서 의사 표현을 하고 있는 거예요. 그걸 몰라주는 엄마가 정말 야속하고 섭섭하답니다.

엄마가 달래줘도 내가 계속 운다는 건 아직 원하는 걸 얻지 못했다는 뜻이에요. 괜히 심술이 나서 엄마를 힘들게 하려고 우는 게 아니라니까요.

내가 울음을 그치지 않을 때는 내 머리가 엄마 어깨 위에 오게 곧추세워 안고는 한 팔로 엉덩이를 감싸고 다른 팔로는 머리를 받쳐주며 가만히 있어 보세요. 그러면 엄마의 심장 박동 소리를 들으며 조금이나마 진정이 될 거예요.

내 머리를 쓰다듬어 주고 또 나를 안은 채로 가볍게 흔들어주는 것도 좋아요. 주변을 왔다갔다 하는 것도 좋고요. 엄마의 부드러운 목소리로 이런저런 얘기를 해주거나 노래를 불러주면 더 빨리 안정이 될 것 같아요.

울음소리의 차이를 알아주세요

엄마, 내 울음소리 잘 들어보세요. 어때요? 늘 똑같이 울지는 않지요? 배고플 때, 졸릴 때, 엄마가 안아주었으면 하고 느낄 때, 아플 때 우는 소리가 조금씩 다를 거예요. 아마 처음에는 구분하기 어려울지도 몰라요. 그렇지만 조금만 주의 깊게 살펴보면 내가 왜 우는지 알수 있어요. 엄마가 하루라도 빨리 내 울음소리의 차이를 알았으면 좋겠어요. 그러면 나는 원하는 것을 빨리 얻을 수 있어서 좋고, 엄마는 내가 빨리 울음을 그쳐 좋잖아요.

일단 내가 울기 시작하면 우유를 먹여 보세요. 그래도 진정되지 않으면 기저귀를 살펴봐 주세요. 외로워서 그럴 수도 있으므로 꼭 안아주고 흔들거나 걸어다녀 보세요. 엄마의 관심이 필요할 때는 장난감으로 즐겁게 해주거나 노래를 불러주는 방법도 좋아요. 그런데 어떤 날에는 배가 아주 많이 아파서 울기도 해요. 그러니까 내 배를 한번씩 문질러주는 것도 잊지 마세요.

다른 사람에게 잠시 맡겨 주세요

이런저런 시도를 다 해봤는데도 내가 울음을 그치지 않으면 엄마는 몹시 화난 얼굴이 되는 거 아세요? 그렇게 화난 얼굴로 엄마가 날보고 있으면 나는 더 불안하고 짜증이 나서 계속 울게만 돼요. 엄마의 기분을 나도 이제 느끼거든요.

엄마, 화가 나고 짜증이 치밀 때는 나에게서 떨어져 있어 주세요. 그리고 다른 사람에게 나를 봐달라고 부탁하고 휴식을 취해 보세요. 마음을 가라앉힌 다음에 다시 와서 평소의 다정한 엄마 얼굴을 보여주세요. 그렇게 하는 게 엄마를 위해서도 좋고 나를 위해서도 좋을 것 같아요.

엄마, 조금만 기다려 주세요. 생각하는 힘이 발달하면 우는 방법에 많은 변화가 생긴답니다. 내가 원하는 행동을 이끌어내려고 엄마의 반응을 살펴보면서 상황에 따라 다르게 울 수 있거든요. 나 참 똑똑하죠? 상황에 따라 다르게 울 수 있다는 건 그만큼 내가 성장했다는 증거도 된답니다.

저녁 때마다 아기가 운다면 피곤해서일 수 있어요

종일 잘 놀다가도 저녁 때만 되면 우는 아기들이 있습니다. 그것도 꼭 저녁 식사 준비로 바쁠 때 울기 시작해서 엄마를 당황하게 만들지요. 왜 그럴까요? 영아 산통인 경우도 있지만 특별한 원인이 없는 경우도 있어요.

특별한 원인이 없을 때는 하루의 피로를 원인으로 보기도 해요. 모든 아기가 다 그런 것은 아니에요. 소리에 예민한 아기에게서 주로 이런 행동이 더 많이 나타난다고 해요. 보통 생후 3개월 이후 이런 행동이 나타나고, 시간이 지날수록 점점 줄어드니 너무 걱정하지 마세요. "3개월쯤부터 시작되었는데 5개월 정도 되자 점점 줄어들었어요."라고 말하는 엄마도 있어요.

가장 중요한 건 아기를 자주 안아주면서 안정감을 느끼게 해주는 거예요. 엄마가 친밀한 태도로 대하고 충분한 애정을 쏟아주세요.

배가 고프거나
기저귀가 축축할 때 주로 울어요

엄마, 여기 집중! 밑줄 그으세요.
다른 것도 중요하지만
우유와 기저귀, 이 둘은 수시로
챙겨 주셔야 해요! 그래야 엄마를 믿고
쑥쑥 자랄 수 있어요.

엄마, 난 요구 사항이 많은 까다로운 울보가 아니랍니다. 사실 내가 우는 이유는 생각만큼 많지 않아요. 주로 배가 고프거나 기저귀가 축축할 때 우는 편이에요. 배가 고프거나 기저귀가 축축해 울 때 나를 달래는 방법은 간단해요. 우유를 주고 기저귀를 갈아주면 끝이에요. 아주 쉽죠? 제때 기저귀를 갈아주고 우유를 먹여주는 것만으로도 나는 울보가 아닌 생글생글 잘 웃고 잘 노는 착한 아기가 될 수 있답니다.

지난 일요일에는 엄마랑 아빠랑 함께 마트에 갔잖아요. 기분 좋게 낮잠을 자고 일어났는데 엄마랑 아빠가 서둘러 나를 준비시키더니 마트에 데려갔어요. 그런데 내가 우유를 먹어야 한다는 것을 깜빡 잊어버리셨나 봐요. 그리 배가 많이 고픈 것은 아니어서 울면서 우유를 달라고 하지는 않았는데, 아기띠로 아빠 품에 안겨 장을 보는 동안 몹시 배가 고파졌어요.

그래서 힘껏 울었죠. 사람들이 많은 곳에서 내가 울면 엄마 아빠는 더 당황스러워하세요. 달래도 보고 아빠가 몸을 흔들기도 하면서 울음을 멈추려고 했지만, 아무 소용 없었던 거 아시죠? 그러니 외출하기 전에는 내가 배고프다고 보채지 않아도 우유를 조금 먹여 주세요. 그럼 훨씬 기분 좋게 엄마 아빠와 장을 볼 수 있을 거예요.

내가 소리 높여 우는 바람에 엄마랑 아빠는 미처 다 장을 보지도 못하고 허겁지겁 집으로 와야 해서 사실 나도 조금 미안했어요.

아직 내가 왜 우는지 잘 모르겠다고요? 그렇다면 제일 먼저 우유 병을 물려주세요. 태어난 지 얼마 안 된 신생아 때는 주로 배가 고파 우는 경우가 많으니까요.

배가 고파 울었다면 금방 울음을 그치고 행복한 얼굴로 우유병을 빨기 시작할 거예요. 우유를 먹은 지 한 시간도 채 안 되었는데 또 배가 고프냐고요? 그래요. 난 아직 위가 작아요. 특히 생후 2~3개월 때는 위가 아주 작아서 한 번에 배부르게 먹을 수가 없답니다. 배가 고파도 조금밖에 먹지 못하니 또 금방 배가 고파 울게 되지요.

처음에는 그저 우는 것으로 배가 고프다는 표현을 해요. 하지만 조금 더 크면 엄마 가슴에 얼굴을 묻고 울거나 손가락을 물고 울기도 할 거예요.

이렇게 배가 고프다는 신호를 보내면 빨리 우유병을 물려주세요. 엄마는 규칙적으로 식사를 해야 건강하다고 생각하시는 것 같아요. 그건 어른들에게나 해당되는 말이에요. 아기들은 달라요. 배가 고픈데도 우유를 주지 않으면 세상이 온통 우울하게만 보여요. 엄마에 대한 믿음도 흔들리고요. 그러니 규칙적인 식사는 내가 조금 더 자라면 시작하고, 지금은 배가 고파 울면 바로 바로 우유를 주세요.

우유를 먹은 지 얼마 안 되었는데 너무 많이 먹이는 건 아닌가 하는 걱정은 하실 필요가 없어요. 만약 배가 부른데 우유병을 물려주면 내가 알아서 우유병을 밀어내거나 고개를 돌려 먹기 싫다는 표현을

할 거니까요. 나는 배가 부른지도 모른 채 주는 대로 계속 먹는 돼지
는 아니랍니다.

🐵 천 기저귀는 좋지만 축축하면 너무 싫어요

엄마는 어린 내 피부를 걱정해서 보드라운 천 기저귀를 채워주셨
어요. 고마워요. 엄마! 종이 기저귀보다는 천 기저귀가 피부에 좋은
것 같아요. 내가 점점 커서 한 번에 누는 오줌양도 많아지고 똥도 많
이 누면 더 이상 천 기저귀를 쓰기 힘들지만 그 전까지는 피부에 좋은
천 기저귀를 채워주세요.

그런데 엄마, 천 기저귀는 다 좋은데, 젖으면 너무 축축해요. 종이
기저귀는 오줌만 쌌을 때는 축축한 줄 잘 모르겠는데 천 기저귀는 차
갑고 눅눅해서 정말 싫어요. 그 느낌이 싫어 기저귀가 젖으면 난 울어
서 갈아달라는 신호를 보내는 거랍니다.

신생아 때는 내가 생각해도 자주 쉬를 해요. 한 2시간 간격으로 쉬
를 하는 것 같아요. 똥도 하루에 몇 번씩 누고요. 그만큼 기저귀의 축
축함으로 자주 울게 되니 내가 울면 꼭 기저귀가 젖었는지 확인하고
갈아주세요.

그리고 울지 않아도 자주 기저귀에 손을 넣어 확인해 주세요. 번거
롭더라도 꼭 그렇게 해주셔야 해요. 오래 젖은 기저귀를 차고 있으면
피부가 무르거나 발진이 생길 수도 있답니다.

엄마, 종이 기저귀도 완전히 안심할 수는 없어요. 종이 기저귀라도

무른 변을 누었을 때는 엉덩이가 축축해져 불쾌하거든요. 또 무른 변은 오줌보다 더 피부에 좋지 않으니 종이 기저귀를 채웠다고 그냥 넘어가면 절대 안 돼요.

육아솔루션

기저귀 갈 때 아기가 산만하면 장난감을 주거나 노래를 불러주세요.
아기가 자라 뒤집기를 하거나 움직임이 많아지면 기저귀 갈기가 어려워질 수 있습니다. 아기가 기저귀를 가는 동안 얌전히 기다려주지 않고 자꾸 움직이기 때문이에요. 이럴 때는 아이의 관심을 다른 데로 돌리는 것이 좋습니다.
우선 장난감이나 거울을 손에 쥐어주세요. 원색 계열의 선명한 장난감이나 소리가 나는 장난감이 제격이랍니다. 거울도 아기들이 아주 좋아하고요. 거울에 비친 자기 모습을 보느라 울음을 멈추고 얌전히 있을 테니까요.
아기가 좋아하는 노래를 불러주는 것도 좋아요. 의성어나 의태어 등 재미있는 발음이 나는 소리를 반복해서 들려주면 아주 효과적이에요. 노래나 재미있는 소리를 듣게 되면 아기는 기저귀를 가는 엄마의 손보다는 소리가 나는 입에 관심을 보일 거예요.

칭얼거리며 울면
졸린 거예요

엄마, 빨리 재워주세요.
이렇게 칭얼거리며 눈도 비비고
귀나 머리를 만지는데
내가 졸린 걸 모르시는 거예요?
얼른 자장가 들려 주세요.

**엄마, 잠이 솔솔 와요.** 그대로 스르륵 잠이 들면 참 좋겠는데 잠들기가 쉽지 않아요. 왜 그런지 나도 잘 모르겠어요. 잠은 오는데 빨리 잠이 들지 않으니 나도 너무너무 힘들어요.

내가 졸려서 울 때의 소리는 엄마도 구분하기 쉬울 거예요. 졸릴 때는 날카롭지 않고, 너무 높지도 낮지도 않은 중간 음으로 울거든요. 칭얼거리며 눈을 비비거나 귀나 머리를 긁기도 한답니다. 졸려서 울 때는 눈물도 거의 나오지 않아요. 어때요? 다른 때 울음소리에 비해 구분하기 쉽지요?

엄만 내가 잠투정을 할 때면 이렇게 말하곤 해요. "언니는 잠 오면 그냥 잤는데 넌 왜 이렇게 까다롭게 구니?"라고 말이에요. 엄마, 언니랑 나랑 어떻게 같을 수가 있어요. 같은 자매라도 아기들은 기질과 성향이 다 다르다고요.

지난번에 사촌동생 민아가 놀러 왔을 때 보니 그애는 나보다 더 심하게 잠투정을 하던걸요! 엄마도 보셨죠? 민아는 졸리니까 집이 떠나가도록 크게 울었잖아요. 그에 비하면 난 얼마나 귀여운 잠투정인지 엄마도 인정해야 할 거예요. 졸릴 때 눈을 비비며 살짝 칭얼거리는 거 애교로 봐줄 수 있죠?

칭얼거리는 것은 재워달라는 신호예요

그런데 졸리면 자면 되지, 왜 칭얼칭얼 울어 엄마를 힘들게 하느냐고요? 그게 잘 안 돼요. 아직 아기라서 그런가 봐요. 혼자 자려면 왠지 불안하기도 하고, 잠도 잘 안 와서 엄마한테 도움을 청하느라 우는 거예요. 엄마가 그걸 알아주었으면 좋겠어요. "엄마, 나 졸려요. 재워주세요."라는 신호를 보내는 것이니 내가 칭얼거리면 잘 재워주세요.

엄마가 꼭 안고 토닥여주면 잠이 잘 와요. 머리를 부드럽게 쓰다듬어주어도 기분이 좋아지고 잠도 솔솔 잘 온답니다. 방 불도 끄고 텔레비전도 꺼주세요. 가끔 엄마가 재미있는 드라마를 보신다고 텔레비전을 살짝 켜놓고 나를 재우기도 하잖아요. 그렇게 하면 잠이 잘 안 와요. 방을 어둡게 하고, 주변도 조용하게 한 다음 재워주세요. 내가 빨리 잠이 들 수 있도록 말이에요.

🐨 우유를 충분히 먹으면 푹 잘 수 있어요

가뜩이나 잠이 잘 안 오는데 배가 고프면 잠들기가 더 어려워요. 엄마의 도움으로 겨우 잠이 들어도 중간에 깨기도 쉽고요. 자다가 배가 고파 잠이 깨면 기분이 정말 좋지 않답니다. 자다 깨지 않도록 자기 전에 충분히 우유를 주세요.

그렇지만 일단 잠이 들면 운다고 무조건 우유를 주면 안 돼요. 자다 울 때마다 우유를 주면 습관이 되어 배가 고프지 않아도 우유를 먹어야 할 것 같아 깨서 울지도 몰라요. 자다가 울면 무조건 우유를 주기보다는 꼭 껴안고 잠시 흔들거나 걸어 주세요. 그러면 칭얼거리는 것이 잦아들 거예요.

🐋 태내음과 비슷한 소리를 들려주면 잠이 잘 와요

엄마 뱃속에서 듣던 소리는 참 편안했어요. 엄마가 직접 자장가를 불러줘도 좋지만 태내음과 비슷한 소리를 들어도 잠이 솔솔 와요. 태어난 지 얼마 안 되었을 때는 더 그랬던 것 같아요.

엄마, 요즘에는 내가 좋아하는 태내음을 쉽게 살 수 있다면서요? 스위치를 누르면 태내음과 비슷한 음악이 나오는 인형도 있고, 뱃속에 있을 때 듣던 소리와 같은 음색을 녹음한 음반도 있대요. 태내음이 흘러나오는 유모차도 있다면서요? 유모차에 앉아 태내음을 들으면 저절로 잠이 올 것 같아요.

🌙 낮잠을 잘 자면 밤에도 편안히 잘 수 있어요

요즘은 정말 신기한 것도 많아서 엄마랑 이런 저런 놀이를 하다보면 2시간 정도는 금방 지나가 버려요. 그러면 나도 모르게 피곤함이 몰려와요. 그럴 때마다 1~2시간 정도 푹 자게 되면 그 피곤함은 또 없어져요.

피곤할 때 바로 잠이 들면 좋은데 그렇지 못할 때가 있어요. 그때가 바로 칭얼거리면서 울게 되는 때랍니다. 엄마가 바로 내가 졸린 것을 알고 재워주면 좋을 텐데, 그렇지 못한 경우에는 낮잠을 제대로 못자게 돼요. 낮잠을 제대로 자지 못하고 피곤함이 가시지 않은 채 밤에 잠을 자게 되면요, 피곤하니까 또 푹 자지 못해 금방 깨고 칭얼거리게 돼요. 내 칭얼거림이 푹 자고 싶다는 표시라는 것을 이해해 주셨으면 좋겠어요.

엄마, 지금은 내가 깨어 있는 시간보다 자는 시간이 더 많은 때잖아요. 그렇기 때문에 편안하게 푹 자는 것이 정말 중요하답니다. 그리고 밤잠 못지않게 낮잠도 중요해요. 낮잠 때문에 밤에 잘 못 잔다는 얘기는 잘못된 거예요. 낮잠도 밤잠만큼 충분히 잘 수 있도록 엄마가 도와주세요.

수면 교육의 함정에 빠지지 마세요

수면 교육에 관심이 많은 엄마들이 많습니다. 그만큼 잠투정이 심하고 잠을 푹 자지 않아 힘들어하는 엄마들이 많다는 것이겠지요. 아기가 좋은 수면 습관을 갖는다는 건 바람직한 일입니다. 그렇지만 아기가 아닌 엄마가 편해지기 위한 목적으로 수면 교육을 한다면 그것만큼 위험한 일도 없습니다.

예를 들어 한 유명한 수면 교육법에서는 아기를 안아서 재우지 말라고 합니다. 스스로 잠들 때까지 울면 안았다가 그치면 눕히기를 반복하라고 합니다. 안아서 재우면 습관이 되어 안아주지 않으면 잠을 자지 않는다는 것이지요. 한 술 더 떠 아예 아기가 생후 3개월만 지나도 혼자 잘 수 있으므로 울어도 내버려두라고 말하는 수면 교육법도 있답니다.

아무리 좋은 수면 교육법도 아기가 원하지 않는데, 울리면서까지 계속 하는 것은 좋지 않습니다. 힘이 들더라도 울면 충분히 달래주고, 안아주면서 아기가 편안하게 잘 수 있도록 도와주세요. 그렇게 충분히 엄마의 사랑을 확인시켜 주면 어느 순간부터는 잠도 잘 자고, 세상을 긍정적으로 바라보는 행복한 아이로 자랄 수 있답니다.

몸이 아플 때는
날카롭게 운답니다

으앙~ 엄마!
나 열나고 기운이 없어요.
으앙, 으앙! 아파서 우는데
엄마는 왜 몰라주시는 거예요?
빨리 내 신호를 알아채 주세요.

초보엄마

맘마도 안먹고
기저귀도 깨끗한데
울기만 해요…

앙~

가득

깨끗

동동 동 동동 동 동동동

69

엄마, 나 이상해요. 맘마도 먹기 싫고, 머리도 아프고, 열도 나는 것 같아요. 내가 우니까 엄마는 평소 하던 대로 우유를 주시네요. 아녜요! 난 지금 우유도 먹고 싶지 않아요. 우유를 뱉어내니까 기저귀가 젖었나 살펴보시네요. 그게 아니에요! 기저귀는 멀쩡해요. 난 지금 아프단 말이에요. 아파서 우는데 왜 몰라주시는 거예요? 아프다니까요! 엄마, 나 아파요. 엉엉!

아파서 우는 소리는 날카로워요

엄마, 잘 들어 보세요. 내 울음소리가 평소와 좀 다르지 않나요? 졸리거나 엄마가 안아주기를 바랄 때는 '와아, 와아, 와아' 노래를 부르듯 리드미컬하게 울잖아요. 아프면 그렇게 여유롭게 울 수가 없어요. 나도 모르게 저절로 목청을 돋우어 있는 힘껏 울게 되거든요. 마치 비명을 지르는 것처럼요. 하도 악을 쓰며 울다 보면 목소리가 갈라져 쇳된 소리가 나기도 해요.

기어다닐 수 있게 되니 다칠 일이 더 많아졌어요. 집 안에는 왜 이렇게 거치적거리는 게 많은 거죠? 뭔가 단단한 것에 부딪히면 정말 아파요. 만약 내가 갑자기 울기 시작하고 첫 울음소리를 길게 끌면 어딘가에 부딪혀 아파서 우는 거예요. 첫 울음소리는 갑자기 바늘에 찔렸을 때 '아야!' 하고 내지르는 비명처럼 날카롭답니다.

아파서 울 때는 첫 울음소리를 낸 후 잠깐 공백이 있어요. 불에 덴 듯 확 울음을 터뜨렸다가 몇 초 정도 멈추고 다시 울기 시작하지요.

다시 울 때는 쉬지 않고 빠르게 울어요. 쉴 새 없이 악을 쓰며 절박하게 우니 엄마도 쉽게 울음소리를 구분할 수 있을 거예요.

영아 산통 때문에 울 수도 있어요

꼭 악을 쓰며 울어야만 아픈 것은 아니랍니다. 열이 나거나 컨디션이 좋지 않으면 기운이 없어 큰소리로 울기가 힘들어요. 이럴 때는 졸릴 때처럼 칭얼거리며 보채는 것으로 아프다는 신호를 보내요.

졸릴 때와 어떻게 구분하느냐고요? 졸릴 때는 칭얼거리며 눈을 비비거나 머리를 만지는 행동을 하잖아요. 아플 때는 기운이 없고 뭔가 처진 듯한 상태에서 칭얼거리므로 조금만 주의를 기울이면 알 수 있어요. 아픈 것 같으면 체온도 재 보고 기침을 하지는 않는지 살펴봐 주세요. 만약 열이 나거나 기침을 하면 바로 병원에 데려가 주세요.

엄마, 어젯밤에는 몹시 배가 아팠어요. 그래서 힘껏 울었어요. 엄마도 눈치챘을 거예요. 평상시의 울음소리와는 다르다는 걸요. 안아 줘도 내가 울음을 그치지 않자 엄마는 우유를 주셨어요. 우유를 조금 먹으면 나아질 줄 알았는데 배가 계속 아픈 거예요. 그래서 더 힘차게 자지러질 듯이 울었답니다. 물론 울면서 "엄마, 많이 아파요."라고 말하는 중이었지요.

배앓이는 잠을 자는 동안 몇 번이나 계속됐고, 엄마가 아무리 나를 달래도 소용없었어요. 그래서 한 시간 동안이나 울었지요. 이렇게 무섭게 울다가 지쳐 곯아떨어졌지만요. 나 때문에 엄마 잠까지 설치게 해서 미안해요.

엄마, 생후 4개월이 안 된 아기들은 나처럼 배가 아플 수가 있대요. 바로 영아 산통이라고 하는 건데, 하루 중 언제라도 발생할 수 있고 주로 저녁이나 새벽에 이유 없이 보채고 울어제낀대요.

그런데 자라면서 자연스럽게 사라지는 거니까 너무 걱정 마세요. 지금처럼 나를 안아주고 달래주세요. 배도 문질러주고요. 엄마가 안아준다고 해서 아픈 느낌이 사라지는 건 아니지만, 그래도 나를 너무너무 사랑하는 엄마가 옆에 있다는 사실에 안심이 돼요.

🐻 심하게 울 때는 심각한 병일 수도 있어요

많이 아플수록 내 울음소리도 커지고 우는 시간도 길어진답니다. 어딘가에 부딪혀서 울 때는 울음소리가 날카롭고 크기는 하지만 시간이 지나면 조금씩 아픔이 가셔서 괜찮아져요. 열이나 기침 등 어떤 증상이 있다면 그것도 괜찮아요. 병원에 데려가면 되니까요.

엄마, 내가 뚜렷한 증상도 없는데 계속 울 때가 있을 거예요. 아마 엄마는 우는 이유를 알기 어려울 수도 있어요. 아무리 달래도 울음을 그치지 않는다면 좋지 않은 징조예요. 분명 어디가 심하게 아픈 거니까요. 많이 아프면 아무것도 먹기 싫어요. 노는 것도 힘들고요. 그러니까 평소보다 끈질기게 울거나 계속 칭얼대면서 잘 먹지도 않고 놀지도 않는다면 바로 병원에 데려가주세요.

예를들어 돌 정도 아기들이 잘 걸리는 병 중 하나가 '창자겹침증'이래요. 창자의 일부가 주변에 있는 다른 장 속으로 끼어드는 병이에요. 이 병은 정말 너무 아파 울음을 멈출 수가 없어요. 심하면 구토까지 한답니다. 울다 토하고 울다 토하고를 10분 간격으로 반복할 수도 있어요. 이런 나를 그대로 두면 정말 큰일 나요. 그냥 놔두면 빨려 들어간 장이 괴사하니 얼른 병원에 데리고 가주세요.

또 잘 걸리는 병이 중이염이에요. 귀를 만지는 걸 싫어하거나 열이 난다면 중이염을 의심해 주세요. 이 밖에도 나를 괴롭히는 병은 많아요. 수막염 등 가볍게 보아서는 안 되는 병에 걸려 울 수도 있으니 늘 신경써 주세요. 예방 주사도 꼭 맞게 해주시고요.

육아솔루션

아기는 몸이 가려울 때도 울 수 있답니다

아기와 함께 생활하면서 엄마는 차츰 아기의 우는 모습, 울음 소리 등으로 아기가 보내는 메시지를 파악할 수 있습니다. 그래도 가끔씩 도무지 이유를 알 수 없을 때가 있을 거예요. 혹 아기가 아픈 것 같지는 않은데 계속 울면 가려워서일 수도 있답니다. 가려움증은 어른들에게는 아무것도 아닐 수 있지만 말 못하는 아기에겐 아주 괴로운 일이지요.

아기가 가려워하는 이유는 수도 없이 많아요. 이가 나기 시작해 가려울 수도 있고, 모기에 물렸을 때, 상처에 딱지가 나기 시작할 때도 가려울 수 있습니다. 귓속이 간지러워서 울기도 하고요.

아기가 몸의 한 부분을 계속해서 만진다면 잘 살펴보세요. 빨갛게 부었거나 딱지가 생기지는 않았나요? 옷의 상표가 피부에 직접 닿는 것도 아기에게 불쾌감을 줄 수 있답니다. 아기가 가려워서 울 수도 있다는 점을 항상 기억하세요.

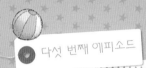
관심이 필요할 때는
우는 척도 해요

흑흑, 엄마 내 눈물 연기 어때요?
엄마가 관심을 가져 주지 않으니
이렇게라도 하는 거예요.
나 대종상 남우주연상 감
아닌가요?

응애~♥

비련의
주인공

엄마 간다

언제부터인가 엄마가 변한 것 같아요. 나랑 잘 놀아주지도 않고, 잘 안아주지도 않아요. 혹 이제 내가 싫어진 것은 아니죠? 나는 아직 엄마의 보살핌이 많이 필요한 아기예요. 그런데 엄마는 내가 많이 자라서 예전만큼 보살펴주지 않아도 된다고 생각하시나 봐요.

엄마의 관심을 받지 못한다는 건 참 슬픈 일이에요. 나는 관심을 받고 싶어요. 그래서 나름 궁리를 했답니다. 옹알이를 해보기도 하고, 있는 힘껏 엄마가 있는 쪽으로 기어가 보기도 했는데 별 효과가 없었어요. 엄마가 나를 빨리 보게 만들려면 우는 것만큼 좋은 게 없더라고요. 소리 내어 울면 거의 100퍼센트 엄마가 나를 보니까요. 히힛! 정말 좋은 방법을 알았답니다.

🐚 눈물 없이 울음소리만 나면 거짓 울음이에요

엄마, 나는 커서 연기자가 될 모양이에요. 가짜로 우는 게 그리 어렵지 않네요. 재미도 있고요. 내가 가짜로 '응애, 응애!' 울면 엄마가 놀라 달려오는 것도 참 좋아요. 그렇지만 가짜로 울 때는 눈물이 나질 않네요. 눈물까지 흘린다면 그야말로 완벽할 텐데 아쉬워요. 표정도 조금 부족하고요.

가끔은 내 눈물 연기가 의심스러워요. 가짜로 울면 엄마가 금방 오는데, 걱정스러운 표정이 아니에요. 뭐가 재미있는지 얼굴에 한가득 미소를 지으며 나를 달래주죠. 그럴 때마다 가짜로 우는 걸 들켰다는 생각이 들어요. 음, 아무려면 어때요? 나는 엄마의 관심을 받고 싶고, 거짓 울음으로 엄마의 관심을 끌었다는 것으로 만족해요.

🐨 가짜로 운다는 건 내가 똑똑해졌다는 증거예요

왜 나는 엄마가 나만 보고 있는 게 좋을까요? 잘 놀다가도 엄마가 다른 일을 하고 있다는 걸 알면 괜히 서운해요. 지난번에 옆집 아줌마 왔을 때 있잖아요! 그때 엄마가 한참 동안 나 혼자 놀게 놔두고 그 아줌마하고만 이야기했잖아요. 엄마가 그 아줌마랑 하도 재미있게 이야기를 하니까 갑자기 엄마가 나를 잊어버린 건 아닌가 하는 생각이 들었어요. 그래서 울었어요. 물론 진짜로 운 건 아니지만요.

큰 소리로 울자 엄마는 깜짝 놀라 내게로 와서 안아주었어요. 아, 얼마나 좋던지……. 관심을 받고 싶어 울었는데 엄마가 안아주니 더 이상 울 이유가 없어 울음을 뚝 그쳤죠. 그제야 엄마는 내가 가짜로 울었다는 걸 눈치 채셨어요. 그러곤 살짝 황당해하시는 것 같았어요. 그러면서 "아니, 요 녀석이 벌써 엄마를 갖고 노네."라고 한마디 하셨죠.

엄마, 내가 가짜로 울었다고 뭐라고 하지 마세요. 가짜로 울 수 있다는 건 내가 그만큼 똑똑해지고 성장했다는 증거랍니다. 나는 이미 울면 엄마가 내가 원하는 걸 들어준다는 걸 알고 있었다고요.

가짜로 우는 방법도 아마 날로 발전할 거예요. 처음에는 우는 소리만 내지만 첫돌이 가까워지면 주위를 살피면서 울 거예요. 이때쯤 되면 주위 상황을 대부분 이해하고 엄마와 주변 사람들의 표정이나 행동을 관찰할 수도 있답니다. 그래서 엄마나 가족들이 어떻게 행동하는지 반응을 살피면서 울기도 할 거예요. 어때요, 나 똑똑하죠?

🐋 거짓 웃음으로 관심을 끌기도 해요

얼마 전에 할머니와 고모가 집에 오셨어요. 모두들 나를 보고 귀여워하셨지요. 나를 둘러싸고 다들 나만 바라보고 있으니까 너무 기분이 좋더라고요. 나를 보고 내 얘기를 하고 계시니까 엄마도 나한테만 신경을 써주고요. 이렇게 계속 나만 바라봤으면 했지요.

그러다가 고모가 까꿍 하면서 재미있는 표정을 지었어요. 사실 그렇게 재미가 있지는 않았는데요, 까르르 웃었지요. 그랬더니 사람들이 다 나를 보면서 너무 귀엽다, 사랑스럽다 하면서 좋아하는 거예요. 그래서 또 할머니가 까꿍 하실 때는 더 크게 까르르 웃었답니다. 까르르 웃는 내 모습이 나도 대견했어요.

사실 그 전에는 나에게 관심을 보이며 웃긴 표정을 지어도 내가 별 반응을 안보였거든요. 그렇게 재미있지 않았으니까요. 내가 반응이 없자 나를 옆에 두고 크게 신경쓰지 않고 어른들끼리만 얘기를 하시는 거예요. 괜히 심통이 나서 칭얼거렸더니 엄마 힘들게 한다는 소리만 하고 나에게는 관심들이 없으시더라고요.

그래서 생각을 바꾸고 나를 보고 있으면 아주 좋아하는 듯 까르르 웃었답니다. 그랬더니 정말 효과가 있던걸요! 다들 나를 보면서 너무 좋아하시는 거예요.

그래서 이제 여러 사람들이 모일 때는 큰소리로 웃음을 만들어서 내기도 해요. 그러면 모두들 내게 관심을 가져주고 예뻐해 주니까요. 그렇다고 벌써 엄마, 아빠를 속이려든다고 생각지는 말아주세요. 상대방의 표정을 읽고 사람들과 같이 있는 법을 배운다고 생각해 주세요. 사회성의 기초는 가족간의 관계에서 비롯되니까요. 그리고 그럴 때일수록 나에게 더 관심을 가져주시면 나는 정말 행복할 거예요.

거짓 울음을 진짜 울음으로 만들지 마세요

다른 일을 하다 아기가 울어 깜짝 놀라 가 봤더니 가짜로 울고 있었던 적이 있을 거예요. 진짜 우는 게 아니어서 안심도 되고, 한편으로는 가짜로 우는 모습이 귀엽기도 했을 거예요.

그렇지만 거짓 울음이라고 무시해서는 안 됩니다. 거짓 울음도 엄마의 관심을 받고 싶다는 분명한 의사 표현이니까요. 즉 "나 좀 봐줘!", "놀아줘!", "안아줘!"라고 말하는 거예요. 관심을 받고 싶어 응석을 부리는 것이니 아기의 욕구를 충족시켜 주세요. 아기를 봐주고 함께 놀아주고 안아주세요. 욕구가 충족되면 아기는 금방 거짓 울음을 그치고 방글방글 귀엽게 웃을 거예요.

그런데 가짜로 운다고 아이를 그냥 방치하면 아기는 엄마가 자기에게 무관심하다고 느껴 정말 울게 된답니다. 충분한 사랑과 관심을 받지 못한 아기는 밝고 긍정적인 사람으로 자라기 어렵습니다. 아기에게 세상은 믿을 만하다고 느끼게 해 주세요. 거짓 울음이 진짜 울음이 되지 않도록 아기가 가짜로 울 때 충분히 반응해 주는 것 잊지 마세요.

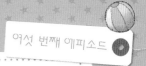

아기라고 무시하지 마세요,
나도 내 생각이 있어요

엄마, 모르시겠어요?
이건 내 스타일이 아니랍니다.
저기 뽀로로! 뽀로로 물병이
내 스타일이란 말이에요.
저기에 따라 주셔야 먹을래요.

잘 먹더니
갑자기
왜그러니?

무무~무~

나는 이제 많이 자랐어요. 혼자 일어서고 걸음마도 할 줄 아는걸요. 아직 말은 잘 못하지만요. '엄마', '아빠', '물', '맘마'처럼 아주 간단한 단어들은 하기도 해요. 엄마 아빠가 하는 말도 조금씩 이해하기 시작했고요. 이만하면 나도 많이 큰 거 맞죠?

그런데 엄마는 아직도 나를 아주 작은 아기라고만 생각하는 것 같아요. 뭐든지 엄마가 다 알아서 해주면 내가 좋아한다고 생각하나 봐요. 물론 엄마는 내가 뭘 좋아하고 싫어하는지, 내가 뭘 원하는지 잘 아세요. 그렇지만 나도 내 생각이 있답니다. 엄마가 내 생각을 몰라주고 들어주지 않으면 난 짜증이 나고 화도 나요.

짜증을 내며 울면 내 주장을 하는 거예요

나는 많이 자랐다고 생각하는데, 여전히 혼자 할 수 있는 일은 많지 않네요. 하고 싶은 일은 점점 늘어나는데 혼자 하기는 어려우니 답답해요. 게다가 나는 아직 말을 잘 못하잖아요. 내 생각을 말로 확실하게 표현하지 못해 답답할 때가 너무 많답니다.

어제도 내 생각대로 할 수 없어 정말 짜증이 많이 났어요. 나는 엄마랑 그림책을 보는 게 좋아요. 하지만 어제만큼은 그림책보다는 장난감을 갖고 노는 게 좋았어요. 장난감을 갖고 놀고 싶은데, 엄마는 자꾸 그림책만 보여주지 뭐예요. 그게 싫어서 짜증을 내며 울었는데 엄마는 내가 왜 우는지 몰라서 "왜 그래? 우리 다른 그림책 볼까?"라고 말하며 다른 그림책을 가져왔답니다.

엄마, 정말 내가 뭘 원하는지 몰랐던 건가요? 아니면 알면서도 내가 그림책을 보았으면 하는 마음에 계속 그림책을 바꿔가며 보여주셨던 건가요? 내가 짜증을 내며 울면 내 주장을 하는 거랍니다. 장난감을 갖고 놀고 싶은데 생각대로 되지 않으니 답답해서 짜증을 내며 우는 거예요. 엄마, 제발 내가 얼마나 답답한지 좀 알아주세요.

내 생각을 이해해 주고 느긋하게 기다려주세요

엄마는 가끔 나를 위해서 하는 거라면서 엄마 마음대로 할 때가 많아요. 내 의사와는 전혀 상관없이요. 난 아직도 우유병에다 우유를 먹는 게 좋은데, 엄마는 그게 못마땅한가 봐요. 그건 아기들이나 사용하는 거라면서요. 엄마, 난 아직 컵에다 우유를 먹을 정도로 크지는 않았다고 생각해요. 또 우유병에 우유를 먹으면 얼마나 기분이 좋아지는지 몰라요. 엄마 젖을 무는 것처럼 기분이 좋은걸요. 히히.

물론 엄마의 입장을 이해 못하는 건 아니에요. 젖병 떼는 시기가 늦어지면 밤중 수유를 끊기도 힘들고 또 고체 음식보다는 우유만 먹으려고 할까 봐 걱정되는 거죠?

정말 내가 우유병 대신 컵을 사용하길 바란다면 컵과 친해질 수 있는 시간을 여유 있게 주세요. 그냥 밋밋한 컵보다는 내가 좋아하는 뽀로로 인형이 그려진 컵이라면 먹는 게 그렇게 싫지만은 않을 거예요. 또 손잡이가 컵 양쪽에 있으면 양손으로 잡아서 편할 것 같고요. 설마 무겁고 깨지기 쉬운 컵을 내가 좋아하리라고 생각하진 않으시죠?

그리고 컵을 처음 사용할 때는 턱받이를 해주세요. 그래야 우유나 물을 흘려도 옷이 축축해지지 않죠. 조금 흘렸다고 해서 혼내지 않을 거라고 약속해 주세요. 나는 아직 익숙하지 않은 아기인걸요. 바닥에 흘리면 닦으면 되고, 옷에 묻으면 빨면 되잖아요.

내가 컵에 익숙해질 때까지 엄마가 느긋하게 기다려 줄 수 있다면 나도 노력해 볼게요. 아, 잘했다고 칭찬해 주는 것도 잊으면 안 돼요. 엄마가 웃는 얼굴로 칭찬해 주면, 나는 할 수 있는 일이 점점 많아지는 슈퍼맨이 된답니다.

고집을 피우면 환경을 바꿔주거나 관심을 돌려주세요

엄마! 알아요. 언제나 내 주장대로 할 수만은 없다는 거 나도 알아요. 지난번에 친구 집에서 놀 때 참 재미있었어요. 난 친구랑 더 놀고 싶었어요. 그런데 엄마가 너무 시간이 늦었다며 집에 가자고 하셨죠. 난 더 놀고 싶어 짜증을 내며 막 울었어요. 달래줘도 말을 안 듣고 떼를 쓰니까 엄마가 막 화를 내셨잖아요. "넌 왜 이렇게 고집을 피우니? 엄마가 안 된다고 했지. 그만하면 충분히 놀았잖아. 어서 집에 가자." 라고 말하면서요.

엄마, 나는 아직 어려요. 친구랑 노는 게 그렇게 재미있는데 왜 그만 놀고 집에 가야 하는지 모르겠어요. 엄마가 야단을 치니까 왠지 서럽고 더 짜증이 났어요. 그러니 내가 자기 주장을 굽히지 않고 고집을 피울 때 갑자기 야단을 치거나 화내지 마세요.

　아, 좋은 방법이 있어요. 잠시 밖으로 나를 데리고 나가 환경을 바꿔주세요. 내가 좋아하는 장난감으로 관심을 돌려주셔도 좋아요. 나는 단순해서 환경이 바뀌거나 다른 흥밋거리를 찾으면 언제 그랬냐는 듯이 금방 고집을 꺾는답니다.

육아솔루션

아기가 좋아하는 흥밋거리로 관심을 돌려 보세요
아무리 여러 가지 방법을 동원해 가며 달래도 아기가 자기 주장을 꺾지 않고 계속 짜증을 부리며 운다고요? 그렇다면 강력한 효과를 발휘하는 비밀 병기를 사용해 보세요. 아기가 좋아하는 장난감이나 특히 고장난 휴대전화, 리모컨 등이 바로 비밀 병기예요. 휴대전화 버튼을 이것저것 눌러 보며 신기하게도 울음을 뚝 그쳤다는 아기들이 많답니다.

텔레비전 등 가전제품의 리모컨도 효과가 좋아요. 휴대전화와 마찬가지로 버튼이 여러 개 있어서 아이 마음에 쏙 드는 거죠. 꾹꾹 누르며 신나게 놀 수 있으니까요. 그러니 고장 나서 쓸 수 없는 휴대전화나 리모컨이 있으면 버리지 말고 보관했다가 아기를 달랠 때 활용해 보세요. 물론 건전지 등은 빼서 주어야 하고 입에 넣으면 위험하니 혼자서 그런 것을 가지고 놀지 않게 항상 엄마가 지켜보고 있어야 해요.단, 아무 때나 휴대전화와 리모컨을 가지고 놀게 하면 안 돼요. 아무리 달래도 아기가 계속 울 때 비장의 카드로 제일 마지막에 사용해야 한다는 것, 잊지 마세요.

Part 03

나는 스킨십이
정말 좋아요

1. 난 엄마가 안아줄 때가 세상에서 제일 행복해요

2. 흔들흔들 안아주는 것도 놀이처럼 해주세요

3. 살살 쓰다듬어주면 기분이 좋아요

4. 잘못 안아주면 내가 깜짝 놀라요

5. 엄마와 나를 억지로 떼어놓는 건 정말 싫어요

6. 유모차에 앉아 있으면 엄마를 볼 수 없어 싫어요

난 엄마가 안아줄 때가
세상에서 제일 행복해요

쳇! 할머니 미워요!
지금 나는 엄마의 사랑과
관심을 듬뿍 받아야 할 때라고요.
할머니가 그렇게 못마땅하게
쳐다보셔도 어쩔 수 없어요.

참 신기한 일이에요. 무언가 불안하다가도 엄마가 안아주면 마음이 아주 편해져요. 엄마 품속은 정말 아늑해요. 계속 엄마 품속에 있고 싶어요.

엄마가 보내주는 따사로운 눈길도 좋고 부드러운 아빠 목소리도 좋지만, 엄마 품속보다 더 좋은 건 이 세상에 없어요. 피부가 맞닿을 때 느껴지는 부드러운 감촉과 따뜻한 체온이 내가 사랑받고 있다는 것을 알게 해주니까요.

그런데 할머니가 자꾸 엄마보고 안아주지 말라고 하네요. "애가 운다고 자꾸 안아주면 안 돼! 한 번 안아주면 손타서 자꾸 안아줘야 해."라고 하시면서 말이죠. 할머니, 미워요. 대체 왜 나를 안아주지 못하게 하는 거죠?

엄마, 나를 안아주는 게 많이 힘든가요? 내가 자꾸 안아달라고 징징대면 싫은가요? 설령 그렇더라도 많이 안아주었으면 좋겠어요. 엄마가 안아줄 때가 제일 행복하니까요.

엄마, 다른 사람의 말보다는 나한테 신경을 써주세요. 내가 엄마 품에서 얼마나 행복한지, 그리고 엄마의 사랑을 느끼며 얼마나 마음이 안정이 되는지 그것만 생각해 주세요. 지금 많이 안아주지 않으면 나중엔 나도 엄마 품이 낯설고, 엄마를 믿지 않을지도 몰라요. 그 따뜻함과 사랑을 영원히 못 느끼게 될 수도 있어요. 엄마도 내가 다른 사람을 사랑하고 배려하는 따뜻한 아이로 자라기를 바라시죠?

엄마, 조금 귀찮더라도 엄마의 사랑을 느낄 수 있게 자주 자주 안아주세요. 스킨십은 아무리 많이 해도 지나친 것이 아니랍니다.

🐾 우유를 줄 때는 꼭 안아주세요

어, 엄마 왜 그러세요? 왜 나를 바닥에 눕힌 채 우유를 주시는 건가요? 할머니가 자꾸 안아주면 버릇없어진다고 했던 말 때문에 그러는 건가요? 누워서 먹으니까 불편해요. 엄마 품에 안겨서 우유를 먹으면 손으로 엄마 찌찌를 만질 수 있어 좋아요. 손끝에 전해지는 엄마의 따뜻한 체온도 나를 편안하게 만들고요.

엄마 냄새는 또 어떻고요? 엄마한테 나는 냄새도 참 좋아요. 그러니까 엄마 품에 안겨 우유를 먹으면 먹는 즐거움, 만지는 즐거움, 좋은 냄새를 맡는 즐거움을 모두 느낄 수 있답니다.

그런데 누워서 우유를 먹으면 어떤 기분인 줄 아세요? 배가 고프니까 먹기는 하지만 재미는 없어요. 충분한 사랑을 받고 있다는 느낌도 들지 않고요.

지금 나는 사랑과 관심을 듬뿍 받아야 할 때라고요. 언제든 내가 원할 때마다 안아주면 좋겠지만, 그게 너무 어렵다면 우유를 먹을 때만이라도 꼭 안겨서 먹고 싶어요.

🐾 심장 고동소리가 들리게 안아주세요

엄마, 고마워요. 내가 원할 때마다 잘 안아줘서요. 그런데 신기한 걸 발견했어요. 엄마 오른쪽 가슴에 머리를 두고 안겼을 때보다 왼쪽 가슴에 머리를 두고 안겼을 때가 훨씬 더 편하고 행복했어요. 왜냐고요? 엄마 왼쪽 가슴에선 뱃속에서 늘 듣던 그런 소리가 나거든요. 그 소리 때문에 왼쪽 가슴에 안기는 게 더 좋은 것 같아요.

엄마가 안을 때는 엄마 몸에 착 붙을 수 있도록 나를 안아주세요. 내 귀가 엄마 심장이 있는 왼쪽 가슴에 닿을 수 있도록 말이죠. 그래야 엄마의 심장 고동소리를 더 잘 들을 수 있으니까요.

쿵닥 쿵닥 쿵닥……. 들어도 들어도 질리지 않는 엄마의 편안한 심장 소리예요. 엄마 품에 안긴 채 그 소리를 들으면 모든 게 편안하게 느껴진답니다.

🐨 마사지를 해주면 기분이 좋아져요

엄마, 나는 저녁 무렵 엄마가 목욕시켜 주고 나서 로션을 발라주고 내 몸을 부드럽게 만져주는 시간이 너무 좋아요. 엄마도 눈치 채셨죠? 엄마가 온몸을 마사지해 주면서 재미있는 이야기를 많이 들려주면 내가 더 많이 웃는다는 것을요.

엄마가 내 발을 만지면서 "이건 사랑스러운 우리 민서의 발이네. 이 귀여운 발로 세상을 마음껏 돌아다니렴." 하고 속삭여주고 또 손가락을 만져주면서 "어쩜 이렇게 귀엽고 보드라운 손이 다 있을까? 쪽~"하면서 뽀뽀도 해주고 손가락 사이도 열심히 마사지해 주잖아요. 이 시간이 난 너무나 행복해요.

마사지를 받으면 엄마에 대한 내 사랑이 더 커지는 것 같아요. 마음도 더 편안해지고 소화도 잘되는 것 같고요. 그런 날에는 잠이 더 솔솔 잘 온답니다.

또 엄마가 들려주는 재미있는 이야기나 아름다운 노랫소리는 얼마나 듣기 좋다고요. 엄마와 나만의 특별하고 행복한 시간, 앞으로도 계속되는 거죠?

육아솔루션

스킨십은 아주아주 많이 해주세요

아기와의 스킨십은 아무리 많이 해도 지나치지 않습니다. 충분한 스킨십을 통해 아이는 감각이 발달하고 정서적 안정감을 느낄 수 있답니다. 특히 출생 직후부터 돌까지는 그 어느 때보다도 스킨십을 많이 해주는 것이 좋아요. 부모가 아이의 성격과 정서 발달에 가장 큰 영향을 주는 애착 관계를 맺는 시기가 바로 이 때니까요. 보통 스킨십이라 하면 안아주고 만져주는 것만 생각하기 쉬워요. 그러나 피부 접촉만 스킨십이 아닙니다. 아이와 대화를 나누고 눈을 맞추는 것도 다 중요한 스킨십이랍니다.

간혹 눈을 맞추면 아기가 사시가 될까 우려하는 엄마들이 있어요. 그래서 아기를 안아주면서도 일부러 눈을 맞추지 않기도 하는데, 전혀 근거 없는 말입니다.

스킨십은 그 자체가 아이와의 교감이라 할 수 있어요. 아기를 꼭 안고 대화를 나누고 눈을 맞추면 엄마와 아기 사이에는 끈끈한 유대감이 생긴답니다. 엄마와의 애착 관계가 굳건히 형성될수록 아이가 엄마 품을 벗어나 세상에 대한 호기심을 갖고 탐색하는 독립 시기가 빨리 온다는 것, 잊지 마세요.

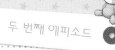

흔들흔들 안아주는 것도
놀이처럼 해주세요

살랑살랑, 흔들흔들~
솔솔, 잠이 올 것 같아요.
아, 그런데 아빠! 설마……
설마…… 얼마 해주지도 않고
벌써 그만두는 건 아니죠?

나는 변덕쟁이인가 봐요. 엄마가 꼭 안아주는 게 좋으면서도 같은 방법으로 계속해서 안아주면 싫을 때가 있어요.

엄마 아빠, 무언가 다른 방법으로 안아줄 수는 없는 건가요? 비록 아기지만 나도 재미있고 신나는 게 좋아요. 꼭 안고 가만히 있으면 답답하기도 하단 말이에요.

아주 어릴 때는 꼭 안겨 있는 것만으로 충분했어요. 그런데 시간이 지나고 조금씩 자라니까 다른 방법으로 안아주었으면 하고 바랄 때가 많아지네요.

그럼 다른 방법이 뭐냐고요? 진짜 간단해요. 꼭 안고만 있지 말고 이리저리 나를 움직여주는 거예요. 잠이 올 때는 조금씩 흔들어주면 잠이 더욱 잘 오고, 놀고 싶을 때는 더 크게 흔들어주면 좋아요. 아주 재미있거든요.

졸릴 땐 안고 규칙적으로 흔들어주세요

내가 졸려서 칭얼대면 엄마가 안아서 등을 토닥토닥 두드려주잖아요. 그것도 참 좋은데, 안고 천천히 좌우로 흔들어주면 더 좋더라고요. 좌우로 흔들리다 보면 마치 엄마 뱃속으로 돌아온 듯한 느낌이 들어요. 예전에 엄마 뱃속에 있을 때 흔들렸던 것 같은, 기분 좋은 흔들림이에요. 졸려 울다가도 이 흔들림에 빠져들면 나도 모르게 어느새 꾸벅꾸벅 잠이 들곤 하지요.

흔들흔들 안아줄 때 정말 조심해야 할 것이 있어요. 흔들어주는 강도와 시간이 일정해야 해요. 최대한 같은 속도로 일정하게 움직여주세요. 서두르지 말고 천천히 흔들어주고요. 흔들림이 규칙적이지 않거나 너무 빠르면 잠이 오다가도 저 멀리 달아나 엄마 아빠를 더 힘들게 할 수도 있답니다.

위로 살짝 들어올려 흔들어주면 아주 신이 나요

세상에 금방 태어났을 때는 크게 흔들어주면 좀 무서웠어요. 그런데 태어난 지 5개월쯤 지나자 재미있게 안아주는 게 점점 좋아지기 시작했어요.

지난번에 내가 계속 울다 지쳤을 때 엄마가 나를 높이 들어올려 부우웅 비행기를 태워주셨잖아요. 그렇게 안아준 것은 그때가 처음이었는데, 아주 재미있었어요. 울음을 뚝 그치고 저절로 깔깔 웃음소리가 나올 정도로 말이죠.

이제 조금 자라서 그런 건가요? 고개를 가눌 수 있는 5개월 정도에 접어드니 평범하게 안아주는 것보다 변화를 주면서 안아주는 게 더 좋아요. 특히 위로 살짝 들어올려 흔들어주면 평소에는 느낄 수 없었던 짜릿한 스릴감을 맛볼 수 있어 아주 좋답니다. 위로 들어올렸다가 내리는 수직적인 움직임은 균형 감각을 느끼게 하는 귓속 반고리관을 자극해서 성장 발달에도 큰 효과가 있대요.

월령이 높아질수록 더 크고 역동적으로 움직이는 게 좋아져요. 그렇게 안아주는 건 아빠가 해주면 좋겠어요. 아빠가 엄마보다 힘이 세니까요. 아빠가 나를 훅 들어올려 비행기를 태워주고 위 아래로 살짝궁 흔들어주면 엄청 신이 나요. 아빠랑 노는 게 이렇게 재미있는지 몰랐어요. 조금 무섭기도 한데 아빠는 힘이 세니까 크게 걱정이 되지는 않아요. 앞으로도 계속 이렇게 안아주실 거죠?

이 밖에도 재미있게 안아주는 방법은 많겠지요? 다른 방법들도 찾아 나를 재미있게 안아주세요. 안아주는 것도 놀이처럼 하는 거예요. 단, 재미있게 해준다고 머리가 너무 흔들리게 안아주면 안 돼요. 머리에 충격이 가 건강을 해칠 수도 있답니다. 아직 머릿속 기관과 뼈 등이 완전히 다 발달하지 않았거든요.

엄마 아빠가 어떻게 안아주든 마지막에는 꼭 안아주는 것 잊지 마세요. 특히 역동적으로 안아주었을 때는 내가 많이 흥분해 있을 거예요. 이때는 다시 꼭 안아주어 차분하게 진정을 시키고 엄마 아빠의 사랑을 듬뿍 전해주세요.

아빠랑 같이 춤추면 친밀감이 생겨요

지난번에는요, 아빠가 무척 기분이 좋으셨나봐요. 경쾌한 음악을 틀어놓고 아빠가 나를 가슴에 안고 춤을 추셨어요. 사실 그때 나는 기분이 별로 안 좋았어요. 약간 피곤해서 짜증이 났거든요. 엄마가 빨리 나를 안고 토닥토닥 해주셨으면 했는데, 아빠가 또 나를 안고 흔드니까 말이에요.

그런데요, 그렇게 빠른 동작은 아니었는데 음악에 맞춰 아빠 가슴에 딱 밀착이 되어 이리저리 흔들흔들하니까 기분이 조금씩 좋아졌어요. 그리고 나도 모르게 스르르 눈이 감겼지요. 잠결에 엄마 아빠의 기분 좋은 목소리도 들렸던 것 같아요. 너무 편안했어요.

가끔은 아빠가 나를 안고 껑충껑충 뛸 때도 있어요. 그냥 막 뛰었다면 정말 놀랐을 텐데, 재미난 음악이 들려와서 음악의 리듬에 맞춰 껑충껑충 뛰니까 재밌었어요. 내 몸이 아빠 몸과 함께 하늘을 나는 것 같았다니까요.

또 아빠가 나를 안고 빙빙 돌 때도 좋았어요. 물론 여러 번 돌게 되면 어지럽고 무섭지만 한두 번 정도 돌 때는 내 찡그린 눈이 반짝 뜨이게 된답니다. 세상이 나를 중심으로 돌잖아요. 그 느낌이 너무 신기하고 재미있었어요.

아빠, 자주 나를 안고 춤을 춰주세요. 그러면 아빠도 리듬에 맞추어 기분 좋게 춤출 수 있고, 나도 아빠 가슴에 딱 밀착되어 흔들림을 느낄 수 있으니 일석이조잖아요. 그리고 아빠랑 친밀감이 생기는 계기도 되고요.

아빠, 엄마에게만 나를 맡겨 두지 마시고 늘 놀아주셔야 해요! 나는 아빠도 엄마처럼 무지 많이 사랑한답니다.

육아솔루션

맞벌이 부부는 아기를 재울 때 스킨십을 집중적으로 하세요

스킨십이 중요하다는 것을 알면서도 현실적인 여건 때문에 충분한 스킨십을 하지 못하는 부모들이 있습니다. 특히 맞벌이 부부가 그렇지요. 그래서 일하느라 아이랑 많은 시간을 보내지 못하는 부모는 늘 걱정입니다. 스킨십을 충분히 해주지 못해 아기가 잘못 자라면 어떻게 하나 걱정이 되는 거지요.

그렇지만 스킨십은 양보다 질이 중요해요. 낮에는 함께 있지 못해 스킨십을 못하더라도 함께 있는 시간 동안 집중적으로 스킨십을 해주면 됩니다. 어떤 면에서는 하루 종일 아이랑 함께 있느라 지쳐 스킨십을 무성의하게 하는 것보다 비록 시간은 짧아도 진심으로, 최선을 다해 스킨십을 하는 게 훨씬 효과적이에요.

스킨십을 할 시간이 절대적으로 부족할 때는 아기를 재우기 전에 집중적으로 하는 게 제일 좋아요. 아기는 잘 때 '분리불안'을 느끼기 때문에 더 많은 스킨십을 원하거든요. 강렬하게 스킨십을 원할 때 집중적으로 해주면 효과가 배가 된다는 것은 두말할 필요도 없답니다.

살살 쓰다듬어주면
기분이 좋아요

흐흐흐 아빠!

맞아요, 거기예요. 거기 귓불!

귓불이 바로 내가 좋아하는 곳이에요.

크크크, 기분이 정말 좋아지는 걸요!

역시 난 사랑받는 아기라니까요.

97

엄마 손은 마법사의 손 같아요. 살살 만져주기만 해도 기분이 좋아져요. 엄마 손은 약손이기도 한가 봐요. 아프다가도 엄마가 쓰다듬어주면 금방 괜찮아진답니다.

어떤 형태로든 엄마와 스킨십을 하는 건 다 좋아요. 볼에 뽀뽀를 해주는 것도 좋고, 간지럼을 태워주는 것도 재미있어요. 나를 많이 많이 만져주세요. 울 때도, 심심해 할 때도, 기분이 나빠 짜증을 낼 때도 엄마가 살살 쓰다듬어주면 나는 금방 착한 아기가 될 거랍니다.

얼마 전에 내가 많이 화나 있었던 거 기억하세요? 그날 아침부터 왠지 기분이 나빴거든요. 아침에 일어났는데 엉덩이가 축축한 데다 배도 몹시 고팠어요. 방안도 몹시 더웠고요. 엄마가 이유식을 만들어주었는데 그날따라 내가 좋아하지 않는 시금치 수프라서 엄마가 숟가락으로 먹여주었을 때 입을 꾹 다물었어요.

그때 난 울면서 "엄마, 나 이거 먹기 싫어요."라고 말한 건데, 엄마한테는 그저 울음소리로밖에 들리지 않았나 봐요. 그러다 수프가 담겨 있는 그릇을 내가 엎었잖아요. 엄마는 열심히 만든 이유식을 내가 안 먹고 엎어버리자 화가 난 표정을 지었어요.

그때 나 일부러 그릇 엎은 거 아니에요. 그렇지만 엄마의 화난 표정을 보자 울음소리가 더 커져버렸어요. 엄마가 무서운 얼굴을 할까 봐 두렵기도 했고요.

그런데 엄마는 잠시 나를 쳐다보더니 조용히 바닥을 닦고 나서 나를 꼭 안아주며 등을 토닥여주었어요. "우리 민우, 기분이 안 좋은 거야? 엄마가 시금치 수프 줘서 그래?" 하고 말해 주는데 그동안 기분 나빴던 마음이 사르르 녹아버렸어요.

내가 불만을 표현하거나 짜증낼 때라도 큰 소리로 혼내는 것보다 이렇게 엄마가 꼭 안아주면 내가 더 미안해져요. 시금치는 진짜 맛없지만 엄마가 정성껏 만들어준 것이니까 열심히 먹어야겠다는 생각도 들고요.

∵ 쓰다듬어줄 때 특히 더 좋아하는 부위가 있어요

어디든 엄마가 내 몸을 만져주면 따스함이 느껴져 마음이 편안해져요. 그렇지만 쓰다듬어주면 더 기분이 좋아지는 곳이 있더라고요. 나는 귓불을 만져줄 때가 제일 좋아요. 귀가 아주 민감한 부분이라 그런가 봐요. 엄마가 귓불을 부드럽게 만져주면 세상을 다 얻은 것처럼 행복해져요. 발바닥도 좋아요. 발바닥을 만져주면 간지럽기도 해서 저절로 웃음이 나온답니다. 발가락 사이사이를 살살 쓰다듬어 줘도 좋고, 발등도 괜찮아요.

엄마, 쓰다듬어줄 때 좋아하는 부위는 아기들마다 다른 것 같아요. 머리, 볼, 관자놀이, 팔 등 다양하지요. 어디를 쓰다듬어줄 때 제일 좋아하는지는 금방 알 수 있어요. 머리부터 발끝까지 쓰다듬다 보면 자연스럽게 알 수 있을 거예요.

특히 좋아하는 부위가 있더라도 그곳만 계속 쓰다듬는 건 별로예요. 가끔은 다른 곳들도 쓰다듬어주세요. 익숙해지면 재미없거든요. 같은 부위를 쓰다듬더라도 방법을 바꿔가며 쓰다듬어주세요. 손가락의 움직임이나 빠르기를 달리 해 쓰다듬어주면 더 좋아요.

🐻 배를 쓰다듬어주면 기분이 좋아지고 아프지도 않아요

내가 똥을 못 누어 힘들어하면 엄마는 늘 "엄마 손은 약손, 민우 배는 똥배!"라고 노래를 부르며 배를 쓰다듬어주잖아요. 나는 그렇게 쓰다듬어주는게 참 좋아요. 한참 엄마가 배를 만져주면 어느새 방귀도 뿡뿡 나오고 똥도 눌 수 있어요.

배도 편안해지지만 엄마의 사랑을 느낄 수 있어 더욱 좋답니다. 엄마 손바닥은 참 따뜻해요. 그 따뜻한 기운에서 엄마의 따스한 사랑을 느끼거든요.

배를 쓰다듬어줄 때는 손바닥 전체를 사용해서 천천히 원을 그리듯 쓰다듬어주세요. 왼쪽에서 오른쪽으로, 시계 방향으로 마사지를 해주면 배가 더 편안해져요.

🍪 배를 덥석 입으로 물거나 간지럼을 태워주세요

처음 엄마가 내 배를 입으로 '덥석' 물었을 때는 살짝 놀랐어요. 나를 먹어버리려고 하는 줄 알았거든요. 하지만 금방 장난인 줄 알았어요. 내가 다치지 않도록 이빨을 사용하지 않고 입술로만 물었으니까요. 엄마 입술이 배에 닿았을 때의 느낌, 참 좋았어요. 재미있기도 했고요.

배에 입을 대고 '푸' 하고 소리를 내는 것도 좋아요. 엄마 입김이 배에 닿으면 간지럽기도 하지만 그래서 더 재미있어요. '푸' 한 다음에는 온 몸을 살살 간질어 주세요. 절로 웃음이 나오기도 하고요, 자꾸자꾸 더 하고 싶어져요. 간지럼을 태우는 것은 전신 마사지도 되고 반사신경을 키울 수 있답니다.

볼에 '쪽' 뽀뽀해 주세요

나는 뽀뽀하는 게 좋아요. 엄마의 입술이 내 볼에 닿는 감촉이 정말 좋거든요. 사랑받고 있다는 느낌이 들고요. 그래서 울다가도 엄마가 뽀뽀를 해주면 뚝 그치게 돼요.

어떤 때는 뽀뽀를 해줘도 울음을 그치지 않을 때도 있어요. 뽀뽀가 효과가 없는 게 아니에요. 뽀뽀를 많이 받고 싶어 그러는 것이니 몇 번이고 반복해서 '쪽' 뽀뽀해 주세요. 엄마가 나에게 뽀뽀를 한다는 건 나를 사랑한다는 표현이잖아요. 엄마의 사랑 고백을 여러 번 듣고 안 넘어갈 아기는 없답니다. 뽀뽀를 하면서 볼을 살살 쓰다듬어주는 것도 좋아요.

계속 울 땐 옷을 다 벗기고 스킨십을 해주세요

엄마 뱃속에서 나올 때 발가벗고 나와서 그런가요? 옷을 입었을 때보다 아무것도 안 입었을 때가 더 편해요. 거추장스럽지도 않고, 몸도 아주 가벼워진 느낌이 들거든요. 아무 때나 옷을 안 입고 있을 수는 없겠지요? 아직 체온 조절을 잘하지 못하기 때문에 잘못하면 병이 날 수도 있으니까요.

그렇지만 엄마, 내가 줄기차게 울 때 있잖아요. 아무리 달래도 울음을 그치지 않고 숨이 넘어갈 정도로 울 때는 옷을 벗겨주세요. 그런 다음 내 몸을 쓰다듬기도 하고 간질이기도 해주세요. 마음껏 스킨십을 즐기다 보면 기분이 좋아져 울음을 뚝 그칠 수도 있답니다. 엄마와 마음껏 스킨십을 하는 동안 기분 전환도 돼 언제 울었느냐는 듯 신나게 웃기도 할걸요!

외출했을 때는 옷을 벗기기가 좀 그렇죠? 사람들이 보니까 나도 사실은 좀 부끄러워요. 그럴 때는 겉옷만이라도 벗겼다가 입혀주세요. 신발이나 양말, 모자도 벗겨주고요. 꽁꽁 가려졌던 몸에 공기가 닿는 것만으로도 기분이 좋아지거든요.

육아솔루션

간지럼도 너무 많이 태우면 아기가 힘들어요

아기가 울 때 간지럼을 태우면 신기하게 울음을 그치는 경우가 많습니다. 행복해서 웃는 게 아니라 웃어서 행복해지는 것처럼 아기도 기분이 나빠 울다가도 간지러워 웃다 보면 기분이 좋아진답니다.

그렇지만 간지럼을 너무 많이 태우면 안 돼요. 어른들도 웃기 싫은데 간지럼을 태워 웃다 보면 지치잖아요. 아기는 말할 것도 없답니다. 아기가 울 때 기분 전환을 할 수 있는 정도로만 간지럼을 태워주세요.

잘못 안아주면
내가 깜짝 놀라요

으아악! 엄마, 이렇게 안으면
큰일나요. 엄마, 엄마 맞아요?
나는 아직 목을 제대로
못 가누는 아기랍니다.
항상 조심해 달라니까요!

앗!!

한참 편하게 자고 있었어요. 그런데 갑자기 내 몸이 확 들려졌어요. 몸이 뒤로 휘고 머리가 아래로 뚝 떨어졌지요. 얼마나 놀랐던지요. 순간적으로 머리를 얻어 맞은 느낌이었거든요. 무서워서 정말 정신없이 울었답니다.

외출하려고 준비하던 엄마가 약속에 늦었는지 급한 마음에 나를 얼른 안았던 건데, 갑자기 안아 올리는 바람에 깜짝 놀라고 말았던 거예요. 엄마가 머리를 받쳐주지 않고 그냥 들어올려 머리가 밑으로 뚝 떨어졌거든요.

엄마, 안아주는 건 좋은데, 안을 때는 항상 조금만 조심해 주세요. 잘못 안아주면 위험하기도 하고 깜짝 놀라 더 크게 울 수가 있답니다.

신생아 때는 부드럽게 힘을 주어 안아주세요

신생아 때는 내가 아주 작아 엄마 아빠도 어떻게 안아주어야 하는지 몰라 당황하시는 것 같아요. 너무 어려워 마세요. 몇 가지만 조심해 주면 된답니다.

우선 안을 때 최대한 부드럽게, 살며시 안아주세요. 내가 운다고 당황해서 번쩍 들어올리면 무서워요. 그리고 아직 나는 목을 제대로 가누지 못하잖아요. 그러니까 안을 때 목을 잘 받쳐서 흔들리지 않도록 해주세요. 목을 가눌 수 있는 4개월 전후까지는 꼭 신경 써주셔야 해요.

윤지 언니가 우리 집에 왔을 때 난 마음이 조마조마했어요. 언니가 자꾸 나를 안겠다고 했잖아요. 언니는 나보다 조금밖에 더 안 큰데 말이에요. 언니가 나를 안다가 떨어뜨리기라도 하면 어떡해요? 바닥은 너무 딱딱해서 내가 많이 다칠 것만 같았어요.

다행히 엄마가 윤지 언니 옆에서 나를 잘 안을 수 있도록 도와주셔서 아주 잠깐 동안 무사히 언니 품에 안겼어요. 언니는 엄마만큼 크지도 않고 아빠처럼 튼튼하지도 않아서 안겨 있을 때 많이 불편했어요. 그래도 내가 많이 울면 언니가 실망할까 봐 울음을 꾹 참았어요. 눈에 눈물이 맺히려는 순간 엄마가 나를 받아 안아서 정말 다행이었지요. 휴, 그날 생각만 하면 지금도 아찔하다니까요.

엄마, 나를 천천히, 부드럽게 안은 다음에는 꼭 안아주세요. 엄마 뱃속에 있을 때는 조금 답답하기도 했지만 밖으로 나와 보니 허전한 느낌이 들어요. 손이나 발을 움직이다 횅한 느낌에 깜짝 놀랄 때도 많답니다. 그러니 허전한 느낌이 들지 않도록, 내 몸이 멋대로 움직이지 않도록 꼭 안아주세요.

하지만 너무 세게 안는 건 싫어요. 답답하거든요. 답답하지 않을 정도로만 부드럽게 힘을 줘서 안아주세요. 특히 자다 일어나 칭얼거릴 때 이렇게 안아주면 금방 마음이 편해지고, 잠도 잘 오더라고요.

내가 목을 잘 가눌 수 있을 정도로 자라면 안아주기가 한결 편해질 거예요. 그렇지만 몸무게가 많이 늘어 조금만 안고 있어도 팔이 저리고 아플 수 있어요. 같은 자세로 오래 안지 말고 다양한 자세로 바꿔 가며 안으면 엄마도 힘이 덜 들 거예요.

🐧 누워 있는 상태를 유지하며 안아 올려주세요

누워 있는 나를 안아줄 때는 조금만 더 조심해 주세요. 빨리 안아주려고 머리부터 벌떡 일으키면 불안해요. 가능한 한 누워 있는 상태 그대로 안아 올려주세요. 그러려면 안을 때 한 손을 엉덩이 밑으로 넣어 목 뒤쪽까지 받쳐주고, 다른 한 손으로는 어깨를 받치고 천천히 안아 올려주셔야 한답니다.

바닥에 누일 때도 일으킬 때와 마찬가지로 누워 있는 상태를 유지해 주세요. 머리가 무거워 조심하지 않으면 머리부터 바닥에 닿기 쉬워요. 그렇게 머리부터 바닥에 닿으면 무섭고 불안해요.

짐볼 위에서 안아줄 땐 뒤로 넘어가지 않게 조심하세요

엄마 품에 가만히 안겨 있는 것도 좋지만, 가끔은 색다른 방법이 나를 즐겁게 해주어요. 그렇다고 엄마 품에서 떨어지고 싶지는 않아요. 꼭 안긴 채 좀 더 재미있어지는 방법은 없을까요?

아! 엄마가 운동할 때 이용하는 짐볼 있잖아요. 지난번에 엄마가 나를 안고 짐볼 위에 앉아 위아래로 살짝살짝 몸을 튕겨주었을 때 기분이 참 좋았어요. 울 때 엄마랑 짐볼을 타면 금방 기분이 좋아져 울음을 뚝 그치게 돼요.

그런데 엄마, 짐볼이 너무 큰 것 같아요. 짐볼 위에서 통통 리듬을 타다 뒤로 넘어질 뻔했잖아요. 엄마 발이 바닥에 닿지 않아 순간적으로 균형을 잃었던 거죠. 엄마도 놀라고 나도 놀랐지요. 또 그런 일이 생기면 싫어요. 조심해야 할 것 같아요.

짐볼 위에 앉아 리듬을 타다 보면 어떤 때는 엄마가 더 신나 하시는 것 같아요. 위아래로 튕기는 폭이 점점 더 커질 때가 있는데 나는 싫어요. 무섭단 말이에요. 엄마, 운동하는 게 목적이 아니라 나를 달래주는 게 목적이라는 것, 잊지 말아주세요.

육아솔루션

아기를 안는 게 서툰 사람에게는 조심 또 조심하세요

초보 엄마와 아빠는 아기 안는 데 서툴지요. 안는 것도 어렵지만 행여 아기를 다른 사람에게 건네주려면 걱정이 이만저만이 아닐 거예요. 자칫 잘못하면 아기를 떨어뜨릴까 봐 그렇지요. 절대 그런 일이 일어나서는 안 되겠지만, 조심하지 않으면 아기가 뚝 떨어져 크게 놀라고 다칠 수 있습니다.

아기를 안는 데 서툴다면 되도록 앉은 자세에서 아기를 건네주세요. 아기 다리 사이에 손을 확실하게 끼워 넣고, 다른 손으로 목을 받쳐 건네면 떨어뜨릴 염려가 없답니다. 상대방이 아기를 확실하게 받았다는 것을 확인한 후 손을 떼는 것도 잊지 마세요.

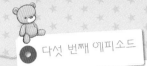

엄마와 나를 억지로
떼어놓는 건 정말 싫어요

엄마, 제발 돌아와요!
인사도 안하고 몰래 사라져 버리다니
어떻게 내게 그럴 수 있어요? 흑흑.
엄마, 내 눈앞에서 영영
사라지는 건 아니죠?

엄마 퇴근하면 올꺼야.

가지마요…

언제부터인가 엄마가 아침마다 나를 떼어놓고 어디론가 사라지고 있어요. 엄마가 집을 나설 때쯤이면 할머니가 짠 하고 나타나요. 엄마랑 떨어지기 싫어 내가 아무리 울고불고 떼를 쓰며 난리를 쳐도 엄마는 냉정하게 나를 뿌리치고 집을 나선답니다.

할머니가 싫은 건 아니에요. 그렇지만 할머니보다는 엄마랑 있는 게 좋은데, 왜 엄마는 나를 할머니한테 맡기고 사라지는 거죠?

엄마가 나를 떼어놓고 갈 때마다 나는 아주 무서운 생각이 들어요. 엄마가 영영 사라져버릴 것 같은 불길한 생각이 든단 말이에요. 나와 함께 있어 줄 수는 없는 건가요? 계속 이렇게 날마다 엄마랑 이별을 해야 하는 건가요?

🦍 영영 사라지는 게 아니라는 것을 확인시켜 주세요

아침마다 엄마가 어딜 가시는지 알았어요. 나 맛있는 것 사주고, 예쁜 옷도 사주기 위해 회사에 일하러 나가시는 거라면서요? 회사에 안 나가고 나하고만 있어주면 참 좋겠는데, 할머니가 그럴 수는 없다고 차근차근 자세하게 설명해 주셨어요.

그렇다면 엄마, 제발 아침에 나 몰래 사라지지 마세요. 내가 하도 울고불고 하면서 떨어지지 않으려고 하니까 어쩔 수 없이 그러는 거라고요? 그래도 엄마가 그렇게 아무 말도 없이 도망치듯 집을 나가면 내가 더 불안하단 말이에요.

엄마랑 떨어지게 되어 내가 얼마나 속이 상할지 이해해 주세요. 그런 다음 엄마가 영영 사라지는 것이 아니라 저녁 때 다시 집에 돌아온다는 것을 확인시켜 주세요. 말귀를 알아들을 수 있으니 내가 이해할 수 있도록 충분히 설명해 주세요. 울면서 엄마 이야기를 들을 수 있겠느냐고요? 그럼요. 엄마가 차근차근 설명해 주면 마음은 여전히 울고 싶어도 참아낼 수 있는 용기가 생길 것 같아요.

작별 인사도 잊지 마세요. "수지야, 엄마 회사 갔다 올게. 할머니랑 놀고 이따 저녁때 다시 만나자."라고 말하면서 뽀뽀도 해주고 손도 흔들어주면 한결 마음이 편안해져요.

엄마, 돌아오겠다는 시간은 꼭 지켜주셔야 해요. 아빠처럼 내가 잠들 때 들어오시면 싫어요. 엄마를 보지 못하고 울면서 잠이 들면 엄마를 믿기가 어렵잖아요. 회사에 나가려고 내게 거짓말을 했다고 생각하면 불안해져서 엄마와 떨어지는 게 더 힘들 것 같아요.

엄마가 영영 사라지는 게 아니라 아침에 회사에 출근했다가 저녁 때 돌아온다는 것을 내가 확실히 알 때까지만이라도 일정한 시간에 집으로 돌아와 주세요.

🐚 엄마를 대신할 사람을 자주 바꾸지 마세요

엄마랑 떨어지는 것도 불안하지만 엄마를 대신해 나를 돌봐주는 사람이 낯설면 더 불안해진답니다. 평소 자주 봤던 할머니는 괜찮아요. 엄마만큼은 아니지만 할머니도 나를 충분히 예뻐한다는 걸 알고 있으니까 할머니랑 있으면 그래도 마음이 놓여요.

그런데 가끔은 할머니가 아닌 다른 아줌마가 나를 볼 때가 있잖아요. 할머니가 다른 일로 바쁠 때 나타나는 아줌만데, 난 그 아줌마는 낯설어서 싫어요. 가뜩이나 엄마랑 떨어져야 해서 속이 상한데, 왜 잘 알지도 못하는 낯선 아줌마랑 하루 종일 함께 있어야 하는 거죠?

그저께 나를 봐준 아줌마는 정말 최악이었어요. 아줌마는 나랑 눈도 마주치지 않았고 놀아주지도 않았어요. 아줌마는 나에게 우유와 이유식 먹이고 기저귀 갈아주고 재우는 것밖에 할 줄 모르나 봐요. 아줌마가 텔레비전만 보고 있어서 심심해진 내가 울음을 터뜨리자 나를 토닥이더니 잠을 자라고 하는 거예요.

엄마도 알다시피 나는 이제 많이 커서 오후밖에 낮잠을 안 자잖아요. 잠도 오지 않는데 억지로 자라고 하는 바람에 마음이 상했어요. 그래서 저녁에 엄마를 보자마자 와락 울음을 터뜨린 거예요.

엄마, 나는 물건이 아니랍니다. 나를 이 사람, 저 사람에게 번갈아 가며 맡기지 말아주세요. 할머니면 할머니, 이모면 이모, 어느 한 사람이 엄마 대신 확실하게 맡아주었으면 좋겠어요.

할머니, 이모, 고모처럼 친한 사람이 맡을 수 없을 때는 더욱 신경을 써주세요. 나를 정말 진심으로 예뻐해 주는 분을 신중하게 골라 맡겨주세요. 잘 놀아주고, 잘 웃어주고, 많이 안아주면서 나를 사랑해 줄 수 있는 분이라야 안심할 수 있을 것 같아요.

아, 그리고 누가 되었든 나를 오래도록 꾸준히 봐 줄 사람이어야 내가 불안하지 않을 수 있답니다. 지금은 애착 형성에 아주 중요한 시기란 걸 엄마도 아시죠? 그래서 봐 주는 사람이 자주 바뀌면 애착 관계를 비롯해 전반적인 성장 발달에 문제가 생길지도 모른답니다.

육아솔루션

아기가 분리불안을 느끼는 건 애착 관계가 잘 형성되었다는 증거예요

엄마가 보이지 않으면 두리번거리며 찾고, 엄마가 나타날 때까지 울면서 불안해하는 것을 '분리불안'이라고 합니다. 분리불안은 보통 낯을 가리기 시작하는 6개월 무렵부터 나타나기 시작해 9~15개월까지 절정에 달했다가 24개월을 기점으로 점점 사라지곤 한답니다.

아기가 분리불안에서 벗어날 때까지 엄마들은 참 괴롭답니다. 하지만 아기가 분리불안을 느낀다는 건 그만큼 그동안 엄마와의 애착관계가 잘 형성되었다는 증거입니다. 엄마에게 충분한 사랑을 받아 더욱 떨어지기 싫어하는 것이니 너무 걱정하지 마세요.

아기가 분리불안 증세를 보이면 더욱더 아기를 많이 안아주고 사랑해 주세요. 엄마와 떨어져 있다 만나면 아기가 엄마에게 매달려 잠시도 떨어져 있으려고 하지 않는데, 뿌리치지 말고 충분히 안아주세요. 엄마와의 애착 관계를 잘 유지하면 아기는 떨어질 때는 울더라도 곧 마음을 가라앉히고 다른 양육자와 잘 놀고, 엄마가 돌아왔을 때 반가워하는 아이로 성장한답니다.

유모차에 앉아 있으면
엄마를 볼 수 없어 싫어요

쳇! 엄마, 이건 나를 위한
유모차가 아닌 듯싶어요.
전용 자가용에 앉아 있는데
나는 지금 왜 화가 날까요?
엄마, 그만 이야기하고
얼른 얼굴 좀 보여달라니까요!

나에겐 '유모차'라는 전용 자가용이 있어요.

집 밖으로 나갈 때면 엄마는 늘 나를 유모차에 태우지요. 유모차를 타는 건 좋으면서도 싫어요. 유모차를 타면 밖에 나간다는 신호고, 밖에 나가면 신기하고 재미있는 것을 많이 볼 수 있으니까 좋아요.

하지만 유모차에 타고 있으면 엄마 얼굴이 보이지 않아 불안해요. 엄마가 뒤에서 유모차를 밀고 있다는 걸 알면서도 얼굴이 보이지 않으니까 안심이 안 돼요. 어쩌면 좋죠?

🐨 가끔씩 유모차를 멈추고 눈을 맞춰주세요

유모차를 타고 있다 불안해지면 난 칭얼거리거나 울게 돼요. 엄마 얼굴을 보면 안심이 될 것 같은데, 엄마는 유모차를 밀어야 해서 그런지 말로만 달래줘요.

"우리 지후 조금만 참아. 이제 집에 가는 중이야."

엄마 목소리를 들으면 조금은 안심이 돼요. 적어도 엄마가 어디 간 게 아니고 뒤에 있다는 거니까요. 하지만 난 엄마 얼굴이 보고 싶어요. 목소리만 듣는 것으로는 울음을 그칠 수가 없답니다.

사람들이 지나다니는 길에 유모차를 세우기가 어렵다는 건 알아요. 다른 사람들에게 불편을 줄 수도 있고, 잘못 세우면 유모차가 저절로 굴러갈 수도 있으니까요.

그렇지만 잠시라도 유모차를 안전한 곳에 세우고 엄마 얼굴을 보여주세요. 유모차 앞으로 와서 나랑 눈높이를 맞추고 달래주세요. 난 엄마가 아주 많이 보고 싶단 말이에요.

🐋 유모차를 오래 타면 엄마에게 안기고 싶어져요

보통은 유모차를 타고 밖에 나오면 20~30분 정도 집 주변을 산책하다 돌아가곤 해요. 그런데 그날은 산책을 하다 엄마 친구를 만났어요. 오랜만에 만났는지 두 분은 내가 유모차에 타고 있다는 것도 잊은 채 한참을 이야기했어요.

얼마 동안은 괜찮았어요. 유모차에 앉아 구경하는 게 재미있었거든요. 강아지가 뛰어가는 것도 보고, 길가에 핀 꽃도 보면서 놀았어요. 그렇게 한참을 놀았어요. 굉장히 시간도 많이 지나간 것 같고, 유모차에 앉아 이것저것 보는 것도 조금씩 지루해졌어요. 몸도 점점 답답해졌고요. 그런데 두 분은 헤어질 생각을 안 하시는 거예요!

결국 난 울음을 터뜨렸어요. 더 이상 견디기가 힘들었지요. 엄마가 급하게 나를 달래주었지만 난 너무 지친 상태라 쉽게 울음을 그치지 않았어요. 다시 유모차에 타기도 싫었어요. 엄마 품에 계속 안긴 채 집으로 돌아가고 싶었어요.

엄마, 계속 안아달라고 우는 나 때문에 많이 당황스러우셨죠? 유모차에 너무 오래 앉아 있는 건 싫어요. 그만큼 엄마와 떨어져 있는 시간도 길어지는 것이니까요.

혹시 오랜 시간 동안 나를 유모차에 태워야 할 일이 생기면 꼭 아

기띠나 포대기를 챙겨주세요. 그리고 내가 울면 아기띠나 포대기로
나를 꼬옥 안아주세요.

유모차에 태울 때는 신경을 더 써주세요

엄마, 난 마음대로 걸어다닐 수 없는 아기예요. 그래서 유모차에
태워서 나를 데리고 여기저기 산책을 가시는데요, 가끔은 유모차에
타기가 정말 싫을 때가 있어요. 그럴 때는 내가 빨리 걸을 수 있어서
엄마랑 손잡고 여기저기 다니면 좋을 텐데, 유모차 타기 싫다고 말을
할 수도 없고 정말 힘드네요.

어제는 엄마랑 같이 유모차를 타고 집 앞 마트에 갔어요. 뭐 그렇
게 오래 타고 있지는 않았어요. 엄마가 빨리 물건을 사서 금방 집에
왔거든요. 그런데 마트 안에서 내가 엎어질 뻔한 거 혹시 아세요? 엄
마가 유모차를 잠시 세워놓고 생선을 고르고 계셨을 때였어요. 유모
차 브레이크가 안 걸렸나 봐요. 저 편에서 어떤 아저씨가 내 옆에 있
던 물건을 보겠다고 후닥닥 뛰어왔는데 그만 내 유모차를 건드린 거
예요. 유모차가 심하게 흔들리면서 움직였어요. 다행히도 엄마가 그
때 유모차를 얼른 잡았는데 난 정말 놀라서 가슴이 콩닥콩닥했답니
다. 혹시나 엎어질까 봐서요.

지난번에 유모차에 엄마가 나랑 물건을 가득 싣고 가다가 돌부리
에 걸려 중심을 잃고 넘어진 적 있잖아요. 난 너무 놀라서 울고……
엄마는 내가 다쳤는 줄 알고 울고……. 그때도 용케 몸은 하나도 안

116

다쳤어요. 하지만 그때 이후로 유모차가 조금이라도 흔들거리면 무서워 죽을 것 같아요. 아직 아기라서 엄마가 느끼기엔 작은 흔들림도 나에겐 크게 느껴지거든요.

엄마, 유모차에 나를 태울 때는요, 다른 때보다도 더 신경을 써주세요. 유모차에 가려서 내 얼굴 표정을 그때그때 확인하기가 어렵고, 나도 아직 말을 할 수가 없으니 엄마한테 내 상황을 알려줄 수가 없어요. 그러니 엄마, 자주자주 유모차에 탄 나의 상태를 확인해 주세요.

육아솔루션

아기 눈높이에서 세상을 한번 보세요
유모차에 태우면 우는 아기들이 생각보다 많아요. 우는 이유는 여러 가지가 있지만 혼잡한 장소에 있을 때, 걷고 있는 엄마는 아무렇지도 않지만 유모차에 앉아 있는 아기는 길을 지나가는 사람들의 발밖에 보이지 않아서 기분이 나빠지는 경우도 많다고 해요.
상상력을 발휘하여 아기의 눈높이에서 세상을 한번 바라보세요. 지금 무엇이 보일지, 어떤 기분이 들지를 생각하다 보면 아기가 왜 짜증내고 칭얼거리는지 그 이유를 알 수 있을 거예요.

Part
04

내 감각은 하루가
다르게 발달하고 있어요

당황

1. 야호, 세상이 점점 더 또렷하게 보여요

2. 낯가림을 하는 건 똑똑해졌다는 증거예요

3. 나도 엄마 기분을 다 알 수 있어요

4. 거울에 보이는 내 모습이 너무 신기해요

5. 나도 분위기 파악할 줄 안다고요 뭐!

6. 점점 더 다양한 감정을 느낄 수 있어요

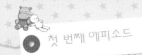
야호, 세상이
점점 더 또렷하게 보여요

와우, 엄마!
아직 또렷하게 보이지는 않아도
주변이 너무 예뻐요. 세상이 이렇게
알록달록 예쁜 색들이라니
역시 나는 잘 태어난 것 같아요.
고마워요 엄마!

엄마, 비밀 하나 알려줄까요? 처음 세상에 태어났을 때 나는 잘 보지 못했어요. 눈에 이상이 있는 건 아니고요, 신생아들은 다 그렇답니다. 25~30센티미터 앞에 있는 것만 어렴풋이 보였지요. 물론 색깔도 구분하지 못했어요. 그래서 처음에는 세상이 흑백사진처럼 단조롭고 볼 것도 없는 줄 알았어요.

그런데 웬걸요! 시간이 지날수록 더 많은 것들이 눈에 들어오고 형체도 더 또렷해지지 뭐예요? 놀라웠어요. 어디 그뿐인가요? 무채색이었던 세상이 점점 총 천연색으로 바뀌는 거예요. 하루가 다르게 더 멋지고 화려하게 변하는 세상을 보는 건 정말 즐거운 일이랍니다.

백일 전에는 흑백 모빌을, 이후에는 컬러 모빌을 달아주세요

첫돌이 되기 전까지 내 시력은 그리 좋지 않답니다. 특히 생후 3개월까지는 모든 물체가 뿌옇게 보이고, 색깔도 구분하지 못해 조금 답답해요.

시간이 지나면 시력이 저절로 발달하겠지만 좀 더 빨리 멋진 세상을 보고 싶어요. 엄마, 시력이 빨리 발달할 수 있도록 도와주세요. 아직 잘 보지 못한다고 무시하면 싫어요. 잘 보지 못해도 자꾸 무언가를 보여주면 시력은 물론 사물을 인지하는 능력도 빨리 발달한답니다.

처음에 누워만 있는 나에게 제일 좋은 건 역시 '모빌'이에요. 눈앞에 매달려 있는 모빌을 보고 있으면 초점을 맞추는 연습도 할 수 있고, 시간 가는 줄 모르고 놀 수도 있거든요.

모빌은 백일 전까지는 흑백 모빌이 좋아요. 엄마는 보기에 화려하고 예쁜 컬러 모빌을 보여주고 싶겠지만 난 아직 컬러 구분을 하지 못해서 별 효과가 없어요.

흑백 모빌도 무늬가 복잡한 것보다는 명암 대비가 확실한 것이 좋답니다. 직선보다는 곡선 무늬가 더 보기가 좋고요. 흑백 모빌을 달아줄 때는 내 눈에서 약 30센티미터 정도 떨어진 곳에 달아주세요. 그 이상 떨어지면 보기가 어렵거든요.

백일 정도 지나면 드디어 나도 컬러 구분을 할 수가 있답니다. 그렇지만 너무 강한 원색은 피해 주세요. 오래 보고 있으면 눈이 피곤하거든요. 너무 알록달록하거나 모빌이 다닥다닥 붙어 있는 것도 피해 주세요. 색의 대비가 분명하면서도 차분하고, 구분하기가 쉬운 컬러 모빌이 좋아요. 백일 이후에는 시력이 더 좋아지고 시야도 넓어지므로 모빌을 조금 더 높은 곳에 달아주어도 괜찮답니다.

자꾸 새로운 걸 보고 싶고 만지고 싶어요

시력이 좋아짐에 따라 세상에 대한 호기심도 더 커진다는 것을 아시죠? 나는 사진이나 그림보다는 실제 사물을 보고 만지고 느끼고 싶어 한답니다. 늘 같은 것만 보고 듣고 느끼고 냄새 맡는 것은 그리 신나는 일이 아니에요. 엄마, 나는 변화를 원해요! 밖에 나가는 것도 좋고요. 그게 힘들다면 집안 구석구석을 구경시켜 주세요. 햇살이 환하게 들어오는 베란다도 나가 보고 싶고요, 엄마가 항상 일하는 주방에도 가보고 싶어요.

저를 한 곳에만 눕혀놓지 마세요. 난 거실에 누워서 엄마가 일하는 모습도 보고 싶어요. 또 어느 때는 안방에 누워 뒹굴뒹굴 주위를 구경하는 것도 신이 나요.

내 손과 발을 바라보고 만져보는 건 또 얼마나 재미있다고요! 내 손을 살펴보는 일은 아주 흥미로워요. 손가락을 하나씩 폈다가 오므렸다 하기도 하고 또 손을 포갰다가 마주 잡았다가 해보기도 하는데, 동작 하나하나 모두 새롭고 신기하답니다.

눈에 이상이 있는지 항상 살펴봐주세요

태어난 후 꾸준히 발달하는 시력은 돌 즈음 가장 활발하게 발달한답니다. 돌쯤 되면 시야도 넓어지고 시력도 0.3~0.4로 좋아져요. 신생아 때 시력보다 10배나 좋아지는 거지요. 시력은 여기서 그치지 않고 계속 발달해 만 6~7세에 거의 완성된답니다.

시력이 정상적으로 발달하지 못하면 여러 가지로 힘들어요. 나는 눈으로 많은 정보를 보고 받아들여요. 그런데 제대로 보지 못하게 되면 정상적으로 정보를 받아들이지 못해 지능 발달이 늦어진답니다. 물론 신체 발달에도 좋지 않은 영향을 미치고요. 균형을 잡기도 어렵고, 잘 걷거나 뛰기도 어려워 건강하고 씩씩하게 자라기도 힘들어요.

시력은 미리 미리 이상을 발견하고 치료하면 나을 수 있지만, 완성된 후에는 교정하기가 어렵대요. 그러니까 내가 조금 이상한 행동을 보이면 주의 깊게 살펴봐주세요. 그리고 한 살 이후부터 만 6~7세 전까지 1년에 한 번씩 병원에 가서 검사를 받게 해주세요.

사실 돌 전후까지는 눈에 이상이 있는지 알아차리기가 쉽지 않아요. 그렇지만 엄마가 조금만 주의를 기울이면 알 수가 있답니다. 대개 다음과 같은 증상이 나타나면 시력에 이상이 있을 가능성이 높아요.

✳ 생후 3개월이 넘도록 엄마 눈을 잘 맞추지 못해요

생후 3개월이 넘으면 흐릿했던 물체도 또렷하게 보이고 색깔을 구분할 수 있어요. 초점을 맞추는 데도 익숙해져 이때가 되면 엄마와 눈을 맞추면서 옹알이를 할 수도 있답니다. 만약 엄마랑 눈을 맞추지 못한다면 눈에 이상이 있을 가능성이 큰 거예요.

✳ 생후 2개월 이후 한 쪽 눈의 시선이나 초점이 이상해요

한 쪽 눈은 제대로 초점을 맞추는데, 다른 한 쪽 눈은 그렇지 않은 경우도 있어요. 이럴 때는 한 쪽 눈이 어딘가 문제가 있는 거예요. 확인하려면 한 쪽 눈을 가려보세요. 눈을 가렸을 때 심하게 보채거나 짜증을 내며 운다면 다른 쪽 눈의 시력에 이상이 있을 가능성이 커요.

✳ 엄마가 멀리 있으면 알아보지를 못해요

엄마가 3~4미터 이상 떨어져 있으면, 알아보지 못해요. 엄마 소리는 들리는데 잘 보이지가 않아요. 엄마가 3~4미터 안쪽으로 가까이

왔을 때 그제야 알아볼 수 있다면 눈의 굴절 상태에 이상이 있다고 봐야 한답니다.

✱ 물건을 잡을 때 헛손질을 자주 해요

생후 7~8개월이 되면 작은 물건들을 알아볼 정도로 시력이 좋아져요. 그래서 작은 물건이 신기해 보기만 하면 잡으려 드는데, 잘 잡지 못하고 헛손질을 자주 한다면 신경써서 봐주세요. 굴절 이상으로 인한 시력 저하나 사시일 수 있어요.

✱ 걸음마가 유난히 늦어요

아기마다 차이가 있지만 대개 돌 전후에 걸음마를 시작한답니다. 만약 걸을 때가 되었는데도 잘 걷지 못하거나 유난히 잘 넘어진다면 시력 이상을 의심해 주세요.

육아솔루션

모빌을 아기에게 묶어주면 더 좋아해요

생후 6개월부터는 단순히 모빌을 한 곳에만 매달아주지 말고 아기에게 묶어주는 것도 좋습니다. 아기의 몸에 상처가 나지 않도록 부드러운 천으로 손이나 발에 묶어주면, 아기가 발을 차거나 손을 움직였을 때 모빌이 움직인다는 것을 알게 돼요. 인지력과 운동 발달에 아주 도움이 된답니다. 또한 아기가 움직이는 모빌을 보고 신기해하기 때문에 좋은 놀이도 될 수 있어요.

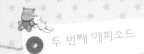

낯가림을 하는 건
똑똑해졌다는 증거예요

126

"앗! 엄마, 이 사람은 누구예요?" 처음 본 사람이 예쁘다고 나를 안았어요. 낯선 사람은 싫어요. 빨리 나를 놓아주었으면 좋겠는데, 계속 안고 눈을 맞추고 말도 시키고 그러네요. 그래서 으앙 울어버렸어요.

어, 조그만 소리로 우니까 처음 본 아줌마는 어떻게든 나를 달래보려고만 할 뿐 놓아주지 않네요. 에잇, 몸부림을 치며 큰 소리로 울어 겨우 풀려나올 수 있었지 뭐예요.

"아니, 순하던 애가 갑자기 왜 그러지? 어휴, 죄송해요. 원래는 이러지 않는데……."

엄마는 당황해하며 나를 받아 안고는 낯선 사람에게 미안해했어요. 왜 그 사람에게 미안한 거죠? 낯선 사람 때문에 놀란 나를 더 걱정해 주셔야 하는 것 아닌가요?

생후 6개월부터는 낮가림을 시작해요

태어난 지 6개월쯤 지나자 엄마 아빠 얼굴과 다른 사람들의 얼굴이 뚜렷하게 다르다는 것을 알게 되었어요. 엄마 아빠 얼굴은 매일 봐서 친근하고 좋기만 한데, 처음 보는 사람들 얼굴은 낯설고 무섭단 말이에요. 그런 낯선 사람이 내게 와서 만지고 안고 그러면 정말 싫어요. 제발 안거나 만지지 않게 해주세요.

내가 낮가림을 시작해서 엄마가 더 힘들어진 것 알아요. 하지만 엄마, 내가 낮가림을 한다는 건 기억력과 시력이 발달했다는 증거예요.

예전에는 느낌이나 냄새, 목소리로 엄마를 알아차렸는데, 이젠 엄마 얼굴이 똑똑히 보여요. 또렷하게 보일 뿐만 아니라 눈을 감고 있어도 엄마 얼굴이 생각날 정도로 기억력이 아주 좋아졌어요. 그래서 자주 보아 익숙한 우리 식구들은 괜찮은데, 처음 보는 사람이 다가오면 겁이 나고 불안해요.

낯선 사람뿐만 아니라 낯선 장소에 가도 울 때가 있잖아요. 마찬가지 이유예요. 내가 주로 생활하는 집이나 집 주변은 눈에 익어 편안한데, 처음 가는 장소는 낯설어서 우는 거랍니다.

계속 낯가림을 하면 어쩌나 걱정하지는 마세요. 처음엔 낯설었던 것도 자꾸 보면 익숙해질 거예요. 그리고 사람들을 계속 만나다 보면 자연스럽게 낯가림을 하지 않게 된답니다.

낯가림을 할 때 억지로 사람들을 만나면 더 불안해요

"얘가 너무 나하고만 있어서 낯가림을 하는 건가? 이렇게 낯가림이 심하면 안 될텐데……. 걱정이네."

낯가림이 심한 나를 보며 엄마가 이런 말을 했어요. 처음 보는 사람은 말할 것도 없고 한 달에 한두 번 정도 보는 할머니, 할아버지한테도 안 가려고 하니 걱정이 되셨던 모양이에요.

날로 낯가림이 심해지는 나를 지켜보던 엄마는 드디어 큰 결심을 하신 것 같았어요. 어느 날부터인가 이집 저집 나를 데리고 다니기 시작했지요. 아마 사람들을 자주 만나다 보면 낯가림이 고쳐질 거라고 생각하셨나 봐요.

하지만 엄마, 낯선 사람을 억지로 만나면 더 불안해져요. 낯가림을 할 때는 날 이상한 사람들에게 데려가지 마세요. 계속 엄마하고만 있다 다른 사람들과 어울리지 못하는 사람이 되면 어떻게 하느냐고요? 설마 지금부터 사회성을 키워야 한다고 생각하시는 건 아니죠? 엄마, 걱정하지 마세요. 엄마의 사랑을 충분히 받으면 세상을 신뢰하게 되고 머지않아 낯가림도 하지 않게 될 거예요.

아, 그리고 엄마, 난 막내 삼촌은 할머니 할아버지보다 더 무서워요. 엄마 아빠한테는 없는 안경을 쓰고 있잖아요. 막내 삼촌은 내가 예쁜지 자꾸 내 옆에 와서 안아주려고 하는데, 난 안경을 쓴 삼촌은 더 무서워 보여요.

내가 울음을 터뜨리자 삼촌은 놀랐는지 나에게서 떨어졌어요. 그런데 난 삼촌을 눈으로 쫓아가며 계속 울었어요. 눈 화장을 진하게 한 고모도 무서워서 고모만 보면 눈물이 많이 나와요.

그렇다고 친척들까지 만나지 않을 수는 없다고요? 할머니, 할아버지를 보고 내가 울어제껴 굉장히 미안하고 슬프셨다고요? 자주 보고 익숙해지면 괜찮아지겠지만 낯가림을 덜하려면 그분들도 조금 여유 있게 나를 봐주셔야 해요. 나를 보면 반가워서 어쩔 줄 몰라 하시잖아요. 한달음에 달려와 나를 안고 말을 시키고 이리저리 부벼대고 그러면 정신이 하나도 없어요. 가뜩이나 낯선데 요란스럽게 예뻐하니 불안하기만 하답니다.

그러니 나를 만날 때는 보통 때보다 아주 낮은 목소리로 천천히 이야기해 달라고 부탁해 주세요. 몸짓도 최대한 느릿느릿 부드럽게 해주시고요. 그렇게 해주면 내가 덜 놀라게 되고 점점 낯가림도 줄어들 거랍니다.

🐋 나에게 시간적 여유를 주고 기다려 주세요

엄마, 만약 어쩔 수 없이 낯선 사람이나 낯선 상황들을 접해야 한다면 너무 급하게 맞닥뜨리게 하지 말아주세요. 내가 마음의 준비를 할 수 있도록 시간적인 여유를 주세요.

그리고 내가 엄마 말을 잘 알아들을 나이가 된다면 "오늘은 할머니를 만날 거야." "오늘은 할아버지 제사라 시골 큰 엄마집에 갈 거야."라고 미리 차근차근 설명하고 알려주세요. 그러면 내가 마음의 준비를 할 수 있을 거예요.

그리고 낯선 사람들을 만날 때는 나에게 소개를 시켜주시고, 내가 호기심을 가지고 그 사람들에게 다가가기 전까지는 갑자기 접근하지 않도록 해주세요. 억지로 친해지겠다고 내 볼을 만지고 그러는 것은 정말 싫어요. 낯선 사람들에게 먼저 익숙해져야 그 사람들이 나를 좋아해서 이렇게 만지는구나라는 생각이 들고, 편안한 마음으로 사람들을 대할 것 같아요.

육아솔루션

낯가림이 시작되면 주변을 산책하며 낯선 것에 대한 거부감을 없애주세요

낯가림을 한다는 것은 그만큼 아기가 자랐다는 자연스러운 발달이므로 크게 걱정할 필요는 없답니다. 아이는 시력도 발달하고 기억력도 좋아져 낯가림을 하면서 친숙한 사람과 그렇지 않은 사람을 구별할 수 있게 됩니다.

낯가림이 정상적인 발달 단계라고 해서 아이에게 갑자기 엄마 아빠 곁을 떠나게 하고 낯선 사람들을 만나게 하면 아이는 심리적 충격을 받게 됩니다. 낯가림이 심할수록 엄마 아빠가 아이와 적극적으로 스킨십을 하고 친밀감을 형성함으로써 낯가림이 자연스럽게 사라질 수 있답니다.

아이가 낯가림이 시작되면 집 밖으로 나가 산책을 하며 주변 세계도 탐색하고 마주치는 사람들과 인사도 나눠보세요. 그러면 낯선 사람들에 대한 거부감을 줄여줄 수 있습니다. 또한 엄마가 낯선 사람들과 낯선 사물에 대해 인사하며 이야기를 나누어 주면 아이의 언어 발달도 자극할 수 있지요.

그런데 가끔 낯가림을 하지 않는 아기들도 있답니다. 이런 아기들은 성장 발달이 느린 걸까요? 그 중에는 발달에 이상이 있는 아기들도 있지만, 그렇지 않답니다. 낯가림을 하고 안 하고는 아기의 기질 문제입니다. 새로운 것에 호기심을 많이 느끼고 겁이 없는 아기들은 상대적으로 낯가림을 덜합니다. 낯가림을 하지 않아도 정상적으로 자라고 있으니 걱정하지 마세요.

나도 엄마 기분을
다 알 수있어요

엄마, 무슨 일이에요?
대체 왜 그렇게 슬픈 거예요?
나는 아무것도 모르는 아기가
아니랍니다. 흑, 엄마가 슬프니깐
나도 같이 슬퍼져요.

울먹
울먹

어! 엄마, 표정이 왜 그래요? 무슨 안 좋은 일이라도 있나요? 오늘따라 유난히 얼굴 표정이 어둡고 슬퍼 보여요. 난 나를 볼 때마다 활짝 웃어주는 엄마가 좋아요. 불안하다가도 엄마가 환하게 웃는 얼굴을 보면 저절로 마음이 놓이거든요. 지금처럼 엄마가 어둡고 슬픈 표정을 짓고 있으면 내 마음도 같이 어둡고 슬퍼진답니다.

엄마는 나를 아무것도 모르는 아기 취급을 하는 것 같아요. 아직 말도 못하고, 제대로 보지도 못하는 아기가 엄마 기분을 알 리가 없다고 생각하시나요? 아니에요. 난 엄마 기분에 아주 민감하게 반응한답니다. 엄마가 불안해하면 나는 더 불안하고, 엄마가 화가 나 있으면 나는 더 무섭고 슬퍼요.

엄마가 우울하면 내 탓처럼 생각돼요

엄마, 무슨 일이 있는 거예요? 엄마가 요즘 멍하니 먼 산을 바라보거나 눈물을 흘릴 때가 많아졌어요. 나랑 놀 때도 기분 좋게 놀아주는 게 아니고 마지못해 그냥 놀아주시고요. 돌아서면 한숨도 내쉬고요. 엄마, 내가 아무것도 모르는 아기 같지만 사실은 아니에요. 엄마 기분을 다 느낀다고요. 정확히 어떤 일이 있는지, 엄마가 왜 그렇게 우울한지는 모르지만요.

엄마가 슬픈 이유를 잘 모르니까 엄마에게만 의지하는 나 때문에 그런 게 아닌가 하는 생각이 들어요. 엄마를 달래주고 싶은데 나는 그

방법을 잘 모르겠어요. 그리고 지금 내가 할 수 있는 것도 없어서 내가 엄마의 안 좋은 기분을 느낄 때는 그냥 엄마에게 다가가는 것밖에 없어요. 그래서 엄마가 나랑 놀면서 기분이 좋아졌으면 하는 거고, 나랑 놀면서도 기분이 좋아지지 않으면 내가 또 엄마한테 뭘 잘못했나 싶기도 하고 그래요.

엄마! 너무 슬프거나 우울할 때는요, 나한테도 엄마의 마음을 말해 주면서 다독거려 주세요. 내가 다 알아듣지는 못해도 최소한은 엄마가 나 때문에 우울한 것이 아니라는 것을 알게 될 거예요.

나는 엄마의 심리 상태에 놀랄 만큼 민감해요

엄마에게 말을 걸고 싶어 울었더니 엄마가 깜짝 놀라 뛰어오셨어요. 그러고는 당황한 표정으로 허둥지둥 나를 안으셨어요. 나는 그냥 엄마를 부르기 위해 운 것인데, 당황한 엄마의 표정을 보니 뭔가 잘못된 것 같아 불안해지기 시작했어요. 엄마 표정은 계속 심각하고, 난 너무 불안해서 더 큰 목소리로 울고 말았죠.

엄마 표정을 보고 더 크게 운 것인데, 울음을 그치지 않자 "왜 계속 울지? 너 때문에 내가 더 울고 싶다고!"라며 짜증을 내셨어요. 엄마가 그렇게 짜증을 내거나 불평을 하면 나는 더욱 슬퍼져 더 울 수밖에 없답니다.

엄마는 내게 태양과 같은 존재예요. 엄마는 잘 모르겠지만 엄마의 심리 상태에 나는 놀랄 만큼 민감하답니다. 말로 의사소통을 하지 못하는 만큼 엄마의 상태를 더 예민하게 느끼는 것 같아요. 엄마의 마음 상태에 따라 내 기분도 덩달아 달라져요. 엄마가 편안하고 행복하면 나도 행복하고, 엄마가 불안하고 짜증스러워하면 나는 더욱 불안해져 어떻게 해야 할지 모르겠어요.

그러니까 엄마, 내가 울더라도 당황하거나 짜증내지 말아주세요. 혹시 당황하거나 짜증이 나면 물이나 차를 한 모금 마시며 마음을 안정시키세요. 심호흡을 크게 하면서 "내가 화를 내면 아기가 불안해한다!"라고 주문을 외워도 좋아요. 그런 다음 웃는 얼굴로 나를 달래주면 금방 울음을 멈출 거예요.

엄마의 감정이 내게 그대로 전달돼요

그날은 평소보다 더 오래 울었어요. 처음에는 천사 같은 얼굴로 달래주던 엄마도 내가 너무 오래 우니까 짜증이 많이 나셨던 모양이에요. 달래도 달래도 울음을 그치지 않자 "제발 그만 좀 울라고!"라며 버럭 소리를 지르셨죠. 그때 정말 무서웠어요.

엄마, 내가 오래 울어도 짜증내지 마세요. 짜증을 내는 대신 이렇게 말해 주세요.

"우리 아기가 울고 싶구나. 알았어. 울고 싶으면 더 울어도 돼. 엄마가 계속 옆에 있어줄게."

나와 시선을 맞추며 다정한 목소리로 엄마가 그렇게 공감해 주면 난 좀 더 빨리 울음을 멈출 수 있어요. 우는 나를 진심으로 걱정하고 지켜주려는 엄마의 마음을 느낄 수 있으니까요. 아셨죠? 엄마의 감정이 나한테 그대로 전달된다는 것, 그래서 엄마 마음이 좋지 않으면 나는 더 울 수밖에 없다는 것, 잊지 말아주세요.

☆육아솔루션

아기의 기분을 전환시켜 주세요

아무리 달래도 아기가 계속 울면 엄마도 지칩니다. 끓어오르는 화를 참고 아이를 따뜻하게 지켜보는 게 제일 좋지만 너무 지쳐 그러기가 어렵다면 아기의 기분을 바꾸는 방법이 있답니다. 엄마가 살짝 우는 척을 하는 거예요. 이때 어설프면 안 됩니다. 진짜 우는 것처럼 보여야 해요. '네가 계속 울면 엄마도 슬퍼서 울 거야.'라는 메시지가 분명히 전달될 수 있도록 아기 앞에서 "우앙~" 하고 크게 우는 흉내를 내보세요. 평소와는 다른 엄마의 모습에 아기가 깜짝 놀라 울음을 그칠 수도 있답니다. 단, 주의할 것이 있어요. 엄마의 우는 얼굴은 아기에게 큰 충격을 줄 수 있어요. 아기가 불안해하지 않도록 우는 연기를 한 후에는 바로 미소를 지어주는 것 잊지 마세요. 웃으면서 아기를 안아주면 아기도 금방 기분이 좋아질 거예요.

엄마가 같이 울어도 효과가 없다면 또 다른 비장의 무기가 있어요. 이번엔 연극배우나 개그맨이 되어서 큰 소리로 웃어보세요. 아기의 울음소리가 묻힐 정도로 배에서부터 소리를 끌어올려 "하하하!" 하고 크게 웃으세요. 일어나서 두 팔을 치켜들며 만세를 외치거나, 발로 바닥을 구르는 등 요란하게 웃는 것이 포인트예요. 아기를 소리로 이겨야 해요.

아기는 우는 엄마를 봤을 때와 마찬가지로 어리둥절해져서 계속 쳐다볼 거예요. 표정이 점점 바뀌기 시작하면 아기와 함께 신나게 웃어 보세요. 웃음소리의 속도에 맞춰 아기의 두 팔을 위아래로 흔들어주며 춤을 추는 것도 좋아요. 아기의 기분을 자연스럽게 전환시켜주는 좋은 방법이므로 적극 추천합니다.

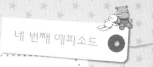

거울에 보이는
내 모습이 너무 신기해요

기웃
기웃

앗, 저기에 나처럼 귀여운
아가가 있네. "아가야, 만세!"
우아, 나랑 똑같이 움직이잖아.
신기하다. 저 아가는 따라쟁이야.

137

어랏! 엄마가 둘이에요. 나를 안고 있는 건 분명 엄마가 맞는데, 엄마가 하나 더 있어요. 그런데 엄마가 말을 하자, 앞에 있는 엄마는 입만 벙긋거릴 뿐 말소리는 나오지 않네요. 이게 대체 어찌 된 일일까요?

난 깜짝 놀랐어요. 엄마의 모습을 똑같이 보여주는 저게 바로 거울이래요. 아, 그럼 엄마 품에 안겨 있는 저 귀여운 아기는 바로 나인가요? 우아~ 놀랍고 신기해요. 정말인가요?

내가 태어난 지 5개월 정도 된 것 같은데, 이렇게 신기한 건 처음 봐요. 정말 거울 속에 있는 저 아기가 나란 말이죠? 믿어지지가 않아 싱긋 웃어 보았어요. 그랬더니 거울 속 아기도 똑같이 싱긋 웃네요. 이번에는 손을 움직여 보았어요. 역시 또 나를 따라 손을 움직이네요. 어쩜 이럴 수가 있죠?

거울 속에 보이는 내가 보고 또 봐도 신기하기만 해요. 세상은 이렇게 신기한 것들로 가득한 걸까요?

거울 속의 나를 보면 울다가도 눈물이 쏙 들어가요

거울 속의 나를 보는 일은 놀랍기도 하지만 아주 재미있어요. 처음 거울을 보았을 때는 깜짝 놀랐어요. 내가 울자 엄마가 나를 안고 거울 앞에 서서 "이 안에 있는 아기는 누굴까?"라고 물었어요. 당연히 난 누군지 몰랐지요. 그런데 엄마가 "우리 준서네!"라고 말해 주어서 나인 줄 알았어요.

이젠 알겠어요. 내가 어떻게 생겼는지를 말예요. 거울 속에 있는 나를 보는 게 신기해요. 자꾸자꾸 또 보고 싶어요. 울다가도 거울 속의 나를 보면 기분 전환이 되어 울음을 그칠 정도로 나에게 있어 거울은 신비한 세상이랍니다.

그러고 보면 난 참 예쁘고 귀엽게 생겼어요. 요리 봐도, 조리 봐도 귀여운 아기네요. 가끔은 그런 내 모습에 만족해하며 미소를 짓기도 한답니다.

거울 앞에서 '도리도리 까꿍'을 하는 것도 참 재미있어요. 특히 '도리도리' 부분에서는 거울로 다가가다가 '까꿍' 할 때 내 얼굴이 거울에 비출 수 있도록 해주는 게 정말 좋답니다. 화장실 거울처럼 내 몸 전체가 보이는 거울 앞에서 도리도리 까꿍을 하면 훨씬 더 재미있어요. 엄마, 그렇게 해주실 거죠?

난 이제부터 거울을 보며 자주 놀 거예요. 그러니 밖에 나갈 때도 작은 손거울을 챙겨주시면 좋겠어요. 언제든 내가 보고 싶을 때는 볼 수 있도록 말이에요.

특히 울 때 거울을 보면 울음이 뚝 그쳐진답니다. 나는 거울로 나를 볼 수 있어서 좋고, 엄마는 우는 나를 달랠 수 있으니 거울만 있으면 엄마와 나 모두 행복할 것 같아요.

🐚 엄마, 난 내 사진을 보며 노는 것도 좋아요

거울을 통해서만 내 모습을 볼 수 있는 줄 알았어요. 그런데 그게 아니더라고요. 얼마 전에 이상하고 신기한 걸 봤지 뭐예요. 반짝반짝 하는 네모난 종이에 아기가 잔뜩 있었어요.

어떤 아기는 웃고 있고, 어떤 아기는 얼굴을 잔뜩 찡그리고 있고, 또 어떤 아기는 입을 크게 벌리고 울고 있었어요. 표정도 제각각 다르고 하는 것도 다르고 입은 옷도 다 달랐어요. 얘네들은 누굴까 하고 무지무지 궁금했지요.

처음에는 다 다른 아기인 줄 알았어요. 그런데 자세히 들여다보니 다 똑같이 생긴 아기였어요. 어떻게 이럴 수가 있죠? 더욱 더 놀라운 것은 그 아기가 바로 나였다는 거예요. 내가 담겨 있는 그 반짝이 종이를 사진이라고 부른다네요.

내 모습이 담긴 사진을 보는 일은 아주 흥미로워요. 거울만큼이나 사진도 내 관심을 집중시키는 힘이 있답니다. 짜증이 나거나 불안해서 울다가도 사진을 보면 내가 왜 울었는지 잊어버릴 정도로 내 마음을 사로잡아요.

사진을 뚫어져라 쳐다보는 내 모습이 엄마는 재미있나 봐요. 맞아요. 개월 수가 높아질수록 나는 '자아'를 의식하고 점점 더 내 자신에게 흥미를 느낀답니다. 내 모습을 관찰하고 나를 알아가는 과정이 마치 미지의 세계를 탐험하는 것처럼 흥미진진하네요.

사진에 대한 호기심이 워낙 많으니 울 때도 사진을 보여주면 울음을 뚝 그칠 거예요. 꼭 앨범이 아니어도 괜찮아요. 휴대전화 있잖아요. 휴대전화로 사진을 찍어두었다가 보여주어도 좋아요. 휴대전화

사진은 밖에 나갈 때도 편하게 들고 갈 수 있으니 엄마도 편할 거예요. 그렇다고 휴대전화로 너무 많이 보여주시면 안돼요.

또 내가 직접 손으로 사진을 만지면서 놀게끔 사진을 여러 장 현상해두면 좋을 것 같아요. 아니면 미니 앨범을 만들어두고 외출할 때 가지고 나가 보여주면 어떨까요? 길거리에서 막 우는 일이 생길 때 보여주면 울음을 뚝 그치고 재미있어 할지도 모르잖아요.

🐨 내가 움직이는 것을 보면 너무 신기해요

내가 한참 울고 있을 때였어요. 아무리 달래고 달래도 내 울음이 멈추지 않자 엄마는 책상 위의 컴퓨터를 켜셨어요. 만화나 뭐 재미있는 것을 보여주시려나 했는데 화면에서 나처럼 떼쓰면서 우는 아이가 나오지 뭐예요.

나하고 우는 것이 너무 똑같아 놀라서 멍하니 보고 있었어요. 그랬더니 엄마께서 "준서야, 이것 봐! 어떤 아가가 이렇게 떼쓰고 울까?" 하면서 물어보시는 거예요.

정말 어떤 아기가 저렇게 서럽게 우는 거야 싶어서 계속 봤는데, 세상에 바로 나였답니다. 예전에 아빠가 내가 울 때 카메라를 들고 나를 찍는 것 같았는데 그게 바로 이거였던가 봐요. 내가 우는 것을 보니 신기해서 울음이 딱 멈추고 웃게 되네요.

내가 저렇게 울고, 슬픈 표정을 짓고, 엄마를 졸졸 따라다니는 줄 몰랐어요. 아직은 내 모습이 신기하고 귀엽고 그래요. 화면 속의 엄마도 지금 옆에 있는 엄마와는 조금 다른 느낌이어서 재미있기도 하고 흥미로웠어요.

가끔씩 내가 심심해하면 움직이는 모습을 카메라에 담아 두었다가 보여주세요. 조금씩 조금씩 지금과는 다른 모습에 너무 신기해하고 흥미로워할 거예요.

🐳 하나, 둘, 셋 찰칵! 사진을 찍어주세요

나는 커서 연예인이 되려나 봐요. 사진 찍는 게 참 재미있어요. 평소에 엄마가 사진을 자주 찍어주어 익숙해진 걸까요? 카메라를 들이대면 나도 모르게 저절로 포즈를 취하게 된답니다.

울고불고 떼를 쓰다가도 엄마가 "여기 봐, 여기. 자, 김치!"라고 말을 걸면서 사진을 찍으면, 울음을 딱 그치고 카메라를 볼 정도로 사진 찍는 게 좋아요. 그러니까 혹시 내가 좀처럼 울음을 그치지 않을 때는 사진을 찍어주세요.

울 때 찍은 사진을 보면 참 웃겨요. 울어서 눈에는 눈물이 그렁그렁한데, 엄마가 카메라를 들이대자 내가 포즈를 취하며 웃는 사진이 여러 장 있네요.

사진을 찍은 다음에는 바로 잘 나왔는지 꼭 보여주세요. 늘 새롭거든요. 찍는 것도 재미있지만 바로 사진을 보는 것도 재미있어요. 방금 전의 내 모습이 카메라 화면에 보이는 것도 신기하고요.

사진을 찍는 건 아무리 많이 해도 질리지 않아요. 늘 새롭거든요.

사진 속의 내가 너무너무 좋아요. 찰칵 찰칵! 엄마, 나랑 같이 사진놀이 많이 해주세요.

아기는 자기 몸을 알아가면서 자아를 형성하기 시작해요

아기가 자라 자아를 찾기까지는 꽤 오랜 시간이 걸립니다. 언제부터 아기는 자아를 찾기 시작할까요? 어른들은 최소한 아기가 말이라도 할 수 있어야 독립적인 자아가 형성될 거라고 생각합니다.

그렇지만 아기의 자아는 생후 6개월부터 형성되기 시작한답니다. 그 무렵부터 아기는 자기 몸을 이해하기 시작해요. 이 시기의 아기들은 자기 몸을 가지고 많이 놉니다. 누워서 자기 손을 보고, 손으로 얼굴을 만져보기도 하고, 손가락을 빨기도 합니다. 발을 잡고 빨기도 하고요. 그러면서 손과 발이 다 자기 몸의 일부라는 것을 알아가지요.

자기 몸을 이해하는 자체가 자아를 찾는 시작점입니다. 자기와 다른 사람을 구분하기 시작하면서 엄마를 더 찾고 매달리기도 하지요. 그럴수록 엄마가 힘들어지기도 하지만 내 소중한 아기가 하나의 독립적인 자아를 형성하는 과정이라 이해하고 대견하게 생각해 주세요.

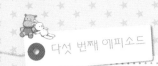

다섯 번째 에피소드

나도 분위기 파악할 줄
안다고요 뭐!

어휴, 오늘도 먹구름이
가득하네요. 엄마 아빠 얼굴 좀 보세요.
또 나 때문에 싸우신 걸까요?
엄마 기분이 안 좋으니까
오늘은 쥐죽은 듯이 조용히
있어야 할 것 같아요.

우적
우적

144

"당신은 내가 얼마나 힘든지 알기나 해? 애 봐야지, 빨래해야지, 청소해야지, 또 밥도 해야지. 밥 먹으면 설거지도 해야지. 게다가 요즘 리아가 나를 얼마나 힘들게 하는데, 당신은 날마다 늦게 들어오고, 집에 있을 때는 TV만 보고. 당신 약속만 중요한 거 아니잖아. 나도 친구들도 만나고 싶고 영화도 보고 싶고 쇼핑도 하고 싶다고!"

엄마와 아빠가 내 앞에서 종종 큰 소리를 내면서 싸우고는 해요. 엄마 아빠는 내가 아직 어려서 아무것도 모를 거라고 생각하나 봐요. 그렇지만 나도 다 듣고 볼 수 있는 걸요.

엄마 아빠가 다투는 걸 보면 나 때문에 그러는 것 같다는 생각이 들어서 속상해요. 엄마가 나 때문에 힘들다고 하니 내 기분도 안 좋아지고요. 나를 더 슬프게 만드는 건 이상한 분위기 때문에 내가 운다는 걸 엄마 아빠가 몰라준다는 거예요. 왜 이유도 없이 우느냐고 말하면 그렇게 섭섭할 수가 없답니다.

엄마 아빠, 내가 얼마나 눈치가 빠른 줄 아세요? 엄마 아빠는 잘 모르시는 것 같아요. 엄마 아빠 기분이 좋지 않아 평소와 분위기가 다르면 난 정말 귀신같이 알아차린답니다. 그런 이상한 분위기는 우울하고 싫어요.

엄마 아빠가 화가 나 있으면 나는 눈물이 나요

어떤 날에는 아침에 일어났을 때 무언가 이상하다는 걸 감지할 수 있어요. 보통 때 같으면 엄마든 아빠든 환한 얼굴로 "우리 공주님, 잘 잤어요?" 하면서 다정하게 인사를 건네는데, 보통 때와는 다르게 웃는 것도 아니고 안 웃는 것도 아닌 묘한 표정으로 한 번 쓱 쳐다보고 말거든요.

그런 날에는 밤새 무슨 일이 있었던 게 분명해요. 엄마 아빠 모두 한마디도 하지 않고 서로 쳐다보지도 않고 식사만 하거든요. 나한테는 내색하지 않으려고 애를 쓰시는 것 같지만 엄마 아빠의 감정 상태가 그대로 느껴진답니다.

평소와는 달리 싸늘하게 굳은 표정으로 식사만 하는 엄마 아빠가 너무 낯설고 무서워요. 엄마 아빠! 화 푸시고 예전처럼 다정한 엄마 아빠로 돌아가 주세요. 그래야 내 마음도 편하다고요.

나보고 아무 이유도 없이 운다고 말하지 마세요. 엄마 아빠도 상황이 180도 변하면 당황하고 마음이 불안하잖아요. 어른들도 그런데 어린 내가 그러는 건 당연하지 않겠어요?

나는 엄마 아빠가 없으면 살 수 없어요. 그래서 엄마 아빠의 기분에 더욱 민감하게 반응하는지도 몰라요. 엄마 아빠가 행복해야 나도 행복할 수 있다는 것, 잊지 말아 주세요.

그거 아세요? 엄마 아빠가 싸운 날에는 엄마 기분이 몹시 안 좋다는 걸요. 그런 날에는 엄마가 다른 날보다 더 웃지도 않고요, 나한테 노래도 불러주지 않고요, 재미있는 이야기도 들려주지 않아요. 그래서 난 엄마 아빠가 싸운 날이 더 싫은 거예요.

그렇다고 해서 엄마 아빠, 나를 보고 항상 웃어달라는 건 아니에요. 엄마 아빠가 행복하지 않거나 슬픈 일이 있을 때는 나한테 쉬운 말로 설명해 주세요.

이를 테면 "엄마랑 아빠가 다투어서 기분이 좋지 않단다."라든가 "할아버지가 매우 아프셔."라고 말해 주면 좋을 것 같아요. 확실하게 엄마 아빠 마음 상태를 이해하지는 못하겠지만 말해주는 걸로도 그 느낌을 알 수 있답니다.

가끔은 엄마 아빠 사이가 질투가 나기도 해요

나는 변덕쟁이인가 봐요. 엄마 아빠 사이가 좋지 않은 것도 싫고, 좋은 것도 싫어요. 정말 변덕쟁이죠?

왜 그렇게 변덕을 부리느냐고요? 난 언제나 엄마 아빠의 관심을 독차지하고 싶거든요. 엄마는 나하고만 있을 때는 괜찮은데, 아빠만 집에 있으면 달라질 때가 있어요.

특히 식사를 할 때는 더 그래요. 나보다는 아빠하고 더 많은 이야기를 나누고 싶어 하는 것 같아요. 엄마의 시선이 다 아빠에게로 가 있거든요. 나는 전혀 신경쓰지 않고 말예요.

엄마 아빠끼리만 이야기를 하고 서로 웃으시면 나는 마치 외톨이가 된 듯한 기분이 들어요. 엄마 아빠가 내가 옆에 있다는 걸 잊었는지도 모른다는 생각에 불안하기도 하고요. 그래서 가끔씩 내가 칭얼거리는 거예요. 엄마 아빠가 나를 한번 더 볼 수 있게 말이죠.

엄마 아빠가 나만 바라보고, 나하고만 이야기를 해주었으면 하고 바라는 건 아니에요. 그렇지만 외톨이가 된 느낌은 받지 않도록 신경 좀 써주세요.

육아솔루션

아기는 엄마의 감정적 반응과 태도를 통해 세상을 배워요

아기는 처음에는 물건이나 사람 자체에 흥미를 보이지만 커가면서 행동이나 표정 등에 관심을 갖기 시작해요. 첫돌 무렵이 되면 아기는 엄마의 감정적 반응과 태도를 확실하게 구분하고 민감하게 반응할 수 있을 정도로 자랍니다.

연구에 의하면, 돌이 지난 아기들은 엄마의 표정을 보며 세상을 배운다고 합니다. 예를 들어 새 장난감을 보고 엄마가 무서워하는 표정을 지으면 아기도 그 장난감을 무서워하고, 엄마가 행복한 미소를 보이면 아기도 그 장난감을 갖고 잘 논다고 해요.

또 엄마의 표정이 재미있어 아기가 장난을 치기도 한답니다. 휴지를 자꾸자꾸 잡아 빼는 아기에게 엄한 표정을 지으며 "안 돼."라고 말해도 일부러 같은 장난을 반복하기도 하거든요. 정말 위험해서 "안 돼."라고 하는 것과 단순히 못하게 하는 것 정도는 아기도 너끈히 구분하기 때문이지요.

이처럼 아기는 엄마의 감정적 반응에 민감하게 반응하므로, 아기의 행동에 따라 엄마가 적절한 반응을 보여주는 것은 성장 발달에 아주 중요합니다.

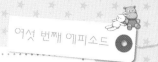

점점 더 다양한 감정을
느낄 수 있어요

엄마, 나 지금 외로워요.
근데 왜 웃으시는 거죠?
설마 내 감정을 무시하는 건 아니죠?
치, 나도 엄마처럼 이제 다양한 감정을
느낄 수 있다고요! 진짜예요.
나를 좀 존중해 주시라니까요.

외롭다…

ㅋㅋㅋㅋㅋㅋㅋ

엄마가
�ⓒ그늘에

혀…

시간이 지날수록 내 몸이 자라는 게 신기해요. 키도 크고, 손과 발도 컸어요. 어디 그뿐인가요? 몸을 움직이는 능력도 날로 발전한답니다. 처음에는 누워서 팔다리만 움직일 수 있다가 몸을 뒤집고, 기어다니다가 드디어 두 발로 서서 걸을 수 있게 되었어요.

몸만 자란 게 아니랍니다. 내 마음도 자랐어요. 시간이 지날수록 느낄 수 있는 감정이 점점 많아지고 있어요. 새로운 세상을 만나는 것만큼이나 새로운 감정을 경험하고 알아가는 것도 재미있어요. 엄마, 내가 느끼는 감정을 존중해 주세요. 아기라고 어른들보다 감정을 덜 느낀다고 생각하고 무시하면 싫어요.

내가 느끼는 감정에 같이 공감해 주세요

처음 태어났을 때 내가 느낄 수 있는 감정은 쾌감과 불쾌감이 전부였어요. 쾌감을 느끼면 웃고, 불쾌감을 느끼면 울고 그랬지요. 시간이 지나 3개월 가량 되었을 때는 기쁨, 분노, 두려움을 느낄 줄 알게 되었답니다. 비록 아주 기본적인 감정이기는 하지만 새로운 감정을 경험하는 것이 무척 기뻤어요.

내가 새로운 감정을 느낄 수 있다는 걸 엄마가 몰라주면 섭섭해요. 태어난 지 3개월쯤 되었을 때 화가 나서 인상을 쓰며 운 적이 있어요. 나는 화가 나서 우는데, 엄마는 "어머, 요 쬐끄만 녀석이 인상 쓰는 거 봐." 하며 재미있다는 듯이 웃었어요. 그때 나는 내 감정을 무시당

하는 것 같아서 기분이 나빴어요.

생후 8~9개월부터는 어른들이 느끼는 감정을 나도 다 느낀다고 생각하시면 돼요. 기쁨, 분노, 두려움 외에도 슬픔, 놀람, 경멸, 혐오 등 다양한 감정을 느낄 수 있답니다. 놀랍죠? 이런 내가 나도 신기하고 대견해요.

느낄 수 있는 감정이 많아지면서 다른 사람의 감정도 더 예민하게 느낄 수 있게 되었어요. 그만큼 감정을 표현하는 방법도 다양해진 것 같아요.

엄마, 내가 어떤 감정을 보이든 공감해 주세요. 엄마가 내 감정에 공감해 주지 않으면 내가 뭔가 잘못한 것은 아닌가 걱정이 돼요. 그렇게 느끼면 안 되나 싶은 생각도 들고요. 내가 앞으로도 계속 자유롭게 감정을 느끼고 표현할 수 있도록 도와주세요.

🦍 내 감정도 무시하지 말고 존중해 주세요

나에게도 친구가 생겼어요. '나나'라는 토끼 친구예요. 어제는 나나와 같이 한참을 놀고 있었어요. 너무 재미있게 놀고 있었는데 엄마가 밥 먹자고 부르셨어요. 난 나나와 너무 재미있게 놀고 있었고 계속 놀고 싶어서 나나를 데리고 밥을 먹으러 갔어요. 그리고 사실 나 혼자 밥을 먹는 게 나나한테 미안했거든요.

그래서 나나를 꼭 끌어안고 엄마가 먹여주는 밥을 받아먹었는데요, "밥 먹는데 인형을 가지고 오면 어떻게 해? 인형 저리 치우자."

엄마는 나나를 나에게서 빼앗아 저쪽으로 던지셨어요. 난 나나하고 같이 있고 싶었단 말이에요. 난 정말 슬펐어요. 그래서 밥 먹는 게 즐겁지가 않았어요. 엄마가 주는 밥을 제대로 받아먹지 못했지요. 그랬더니 엄마가 또 "인형이 뭐라고, 왜 밥 먹는 것도 이렇게 힘들게 해?" 하면서 짜증을 내셨답니다.

흑흑, 엄마 난 너무 슬펐어요. 나나가 던져진 것도 슬픈데 엄마가 내 감정은 이해하지 못하고 그냥 엄마만 힘들게 한다는 식으로 짜증을 내니까 말이죠. 나는 일부러 엄마를 힘들게 하려고 슬펐던 게 아니에요. 엄마, 내 감정도 제발 존중해 주세요.

🐢 부끄러워할 때는 격려를, 자랑스러워할 때는 칭찬을 해주세요

사실 아주 어렸을 때는 부끄러운 게 뭔지 잘 몰랐어요. 하지만 돌이 지나 15개월이 넘어가면서 부끄러운 게 뭔지, 자랑스러운 게 뭔지 서서히 알게 되었어요.

엄마, 지난번에 내가 장난감을 망가뜨렸을 때 있잖아요. 엄마한테 내색은 안 했지만 무척 부끄러웠어요. 일부러 망가뜨린 건 아니지만 잘 갖고 놀지 못하고 망가뜨려 속이 상했어요.

스스로 잘못했다는 걸 알고 부끄러워할 때 엄마가 야단을 치면 괜히 심술이 나요. 자신감이 없어지기도 하고요. 그러니까 내가 부끄러워할 때는 야단을 치는 대신 "괜찮아." 하고 격려를 해주세요.

부끄러움을 느끼듯 자랑스러움도 느낄 때가 있어요. 넘어지지 않고 두 발로 엄마가 있는 데까지 무사히 갔을 때는 정말 자랑스러웠어요. 엄마도 무척 기뻐하셨지요. 뭔가를 잘해내 기분이 으쓱으쓱해질 때는 아낌없이 칭찬을 해주세요. 칭찬을 많이 받을수록 나는 더욱 자신감을 가질 수 있답니다.

육아솔루션

부모와의 긍정적인 감정 교류가 중요해요

아기가 세상에 태어나 감정 교류를 처음 하는 대상은 부모입니다. 아기는 태어날 때부터 이미 감정을 느끼기 시작하여 자라면서 점점 더 다양한 감정을 느끼고, 다른 사람의 감정까지 읽게 됩니다. 생후 3~6개월만 되어도 엄마의 표정을 읽고 반응할 정도로 아기들은 예민하지요.

엄마가 우울하면 아기한테도 우울한 감정이 전달되고, 엄마가 행복하면 아기도 행복한 감정을 느낀답니다. 그러므로 아기와 긍정적인 감정 교류를 하도록 노력해 보세요. 부모로부터 따뜻하고 긍정적인 감정을 많이 전달받을수록 아기는 정서적으로 안정감을 갖는답니다.

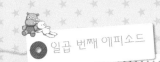

대소변 가리기는
내가 하고 싶을 때 할게요

에잇! 엄마, 미안해요.
아직 난 참을 수 있는 능력이 부족해요.
오줌이 마렵다고 엄마가 도와주러
올 때까지 기다릴 수 없다고요!

돌잔치가 끝나고 몇 달 더 지났을 때였어요. 아마 15개월, 아니면 16개월 다 되었을 거예요. 엄마가 뽀로로가 그려진 예쁜 변기를 사갖고 왔어요. 내가 쓸 거래요. 응가를 하고 싶을 때나 쉬를 하고 싶을 때 뽀로로에 앉아서 하는 거라고 알려주었어요.

갑자기 엄마가 왜 뽀로로 변기를 사가지고 오셨을까요? 얼마 전에 내가 기저귀에 응가를 하지 않고 응가를 하고 싶다는 말을 해서일까요? 솔직히 이젠 언제 응가나 쉬가 나올지 알겠어요. 응가나 쉬를 하고 싶다고 엄마에게 신호를 보낼 수도 있어요. 신호를 보내거나 말을 한 후 오래 참지 못하고 바로 싸버리긴 하지만요.

뽀로로 변기는 너무 예뻐요. 변기 위에 앉아서 노는 것도 재미있어요. 그렇지만 꼭 뽀로로에 앉아서만 응가와 쉬를 해야 하나요? 그건 싫은데…….

🐨 대소변 가리기, 너무 일찍 시키면 싫어요

엄마, 18개월이 되면 다른 아기들은 다 대소변을 가리나요? 그래요. 옆집 아기 엄마가 하는 말을 듣기는 했어요. 그 아기는 돌이 지나면서 기저귀를 뗐다죠? 그 아줌마가 자랑을 할 때 옆에서 엄마가 부러워하는 것 같았어요.

그런데 엄마, 대소변 빨리 가리는 것이 그렇게 부러운 일인가요? 기저귀 갈고 똥 치우는 게 귀찮으셨던 거예요? 설마 옆집 아기가 나보다 대소변 좀 빨리 가렸다고 더 똑똑할 거라고 생각하는 건 아니죠? 나는 지금 대소변을 가리지 못할 뿐, 그 친구보다 두뇌 발달이 더딘 건 절대 아니에요. 신체 발달도 마찬가지고요.

조금 무리를 하면 지금부터 응가와 쉬를 가릴 수도 있을 것 같아요. 난 착한 아기니까 엄마가 원하고, 연습을 시켜주면 뽀로로 변기에서 응가와 쉬를 할 수도 있을 거예요.

그렇지만 그렇게 해야 한다고 생각만 해도 스트레스가 쌓이고 우울해져요. 마음의 부담이 너무 크답니다. 혹시 변기에서 응가와 쉬를 하는 데 성공한다 해도, 해냈다는 성취감을 느끼기보다는 패배감이 들 것만 같아요.

그리고 그 성공이 계속 이어지지도 않을 것 같아요. 매번 변기에 앉을 때마다 응가와 쉬를 성공적으로 해야한다는 생각이 들어 응가와 쉬를 시원하게 하지 못할 것 같거든요.

엄마, 몇 달만 참아주세요. 아기들은 보통 18개월에서 24개월 사이에 대소변 가리기를 시작한답니다. 그런데 20개월 이후에 천천히 시작하는 것이 좋대요. 아예 더 기다렸다 두 돌이 지난 후부터 시작해도 되고, 늦게 해도 아무런 문제가 없대요.

중요한 건 내가 배변 훈련을 할 마음의 준비가 되어 있느냐 하는 거예요. 나보다 늦게 태어난 옆집 현지가 대소변을 가리는 데 성공했다고 해서 엄마의 마음이 초조해지면 안 돼요.

엄마, 내가 과연 대소변을 가릴 수 있을지 조바심 내지 마세요. 엄마의 조바심이 나에게도 고스란히 느껴지거든요. 그래서 나도 조바심이 생기게 돼요. 어쩌면 대소변 가리기 때문에 이다음에 강박증이 생길지도 몰라요. 모든 아기들은 엄마가 초조해하고 걱정하지 않아도 때가 되면 다 자연스럽게 대소변을 가릴 수 있답니다.

🐑 개월 수보다는 대소변을 가릴 준비가 되었는지 살펴주세요

아주 아기 때는 쉬도 자주 하고, 노는 데 정신이 팔려 있으면 기저귀가 젖어 축축하거나 응가를 해 냄새가 나도 크게 불편하지는 않았어요. 그런데 이제 조금씩 불편한 느낌이 들기 시작했어요.

그렇다고 해도 엄마, 18개월이 되었으니까, 혹은 두 돌이 지났으니까 대소변 가리기를 시작해야 한다고 생각하지 마세요. 두 돌이 되어도 대소변을 가리지 못하는 아기들도 많답니다. 만 세 살, 우리 나이로 네 살이 된 형아와 누나 중에도 대소변을 완전히 가리지 못하는 경우도 허다하대요.

내가 태어난 지 얼마가 되었는가를 따져 대소변 가리기를 시작하기보다는 내 상태를 잘 살펴봐 주세요. 만약 내가 쉬가 마려운 시간이 2시간 이상 길어지고 배변이 규칙적으로 이루어지면 대소변을 가릴 때가 되었다는 신호예요.

대소변을 가릴 때는 혼자서 옷을 내릴 줄도 알아야 해요. 아직 나는 어려서 쉬나 응가가 마려울 때 오래 참지 못해요. 그래서 엄마가 올 때까지 기다렸다가 그냥 싸버리기 일쑤예요. 혼자 옷을 내릴 줄 알면 엄마를 기다리지 않고 스스로 변기에 앉을 수 있을 테니 대소변 가리기가 그만큼 수월해진답니다.

아, 엄마가 나한테 뽀로로 변기에 대해 설명해 주는 것도 도움이 될 것 같아요. 변기는 쉬나 응가를 하는 곳이라고 말해 주세요. 변기에 쉬나 응가를 할 수 있게 되면 기저귀를 차지 않아도 된다는 말과 함께요. 또 기저귀를 차지 않게 되면 형아나 누나가 입는 예쁜 팬티를 사러 가자는 말도 해주세요.

대소변 가리기를 시작할 때가 되었어도 처음부터 혼자 하기는 어려워요. 엄마가 도와주세요. 내가 표정이나 말로 응가를 하고 싶다는 신호를 보내면 얼른 변기에 앉혀주세요. 만약 내가 싫어하면 바로 일으켜주세요. 또 5분 이내에 응가를 하지 않아도 계속 변기에 앉혀두지 말고 일으켜 세워주세요.

그리고 이건 아주아주 중요한 건데요. 만약 내가 뽀로로 변기 속에 쉬나 응가를 했다면 축하해 주어야 해요. 그래야 자신감이 붙어서 다음에도 잘할 수 있으니까요. 반대로 변기에 볼일 보는 일에 실패했다고 해서 너무 실망스럽다는 표정은 짓지 마세요. 엄마가 실망하는 표정을 보이면 난 더 슬퍼져서 울음이 나올지도 몰라요. 또한 자신감이 떨어져서 다시 실패할지도 몰라요.

내가 한 번 성공했다고 해서 계속 쭉 성공하리라고는 기대하지 마세요. 한두 번 변기에 싸는 데 성공한다 하더라도 신나게 놀다 보면 나도 모르게 쉬가 쑥 나올 때도 있대요. 밤에 잠잘 때도 푹 자다 보면 쉬가 나오는지 잘 모른대요.

그러니 변기에 쉬나 응가를 잘 싼다고 하더라도 당분간 내가 낮잠 잘 때나 밤에 잘 때는 기저귀를 채워주세요.

엄마, 그리 오래 기저귀를 차지는 않을 거예요. 엄마가 조금만 나를 이해하고 기다려 주면 곧 기저귀를 차지 않고 밤에 자는 것도 성공할 거예요.

대소변 가리기는 서두르지 마세요

대소변을 가리지 못했을 때 야단을 치거나 때리면 조금 일찍 대소변 가리기를 할 수도 있습니다. 일찍 대소변을 가리면 엄마는 편해지겠지만 아기에겐 좋을 것이 하나도 없습니다.

가끔씩 일찍 시작한 아기가 정상적으로 대소변 가리기를 시작한 아기보다 대소변을 완전히 가리는 데 더 많은 시간이 걸리기도 합니다. 스트레스가 쌓여 야뇨증이나 변비가 생길 수도 있고요. 정서적으로 불안정해지는 것은 말할 것도 없습니다. 대소변 가리기는 철저하게 아기에게 맡겨두세요. 아기가 대소변 가리기를 시작하고 싶을 때 시작하면 돼요. 절대 강요하지 마세요. 엄마는 인내심을 갖고 차분하게 기다리기만 하면 된답니다.

Part
05

심심해요! 재미있게 놀아줘요

1. 도리도리 까꿍! 또 하고 싶어요

2. 변화무쌍한 놀이에 울다가도 웃게 돼요

3. 장난감처럼 책과 친하게 해주세요

4. 소리 나는 놀이는 참 재미있어요

5. 난 반복하는 놀이가 좋은데, 그만하자고요?

6. 놀 때 수다쟁이 엄마가 되어 주세요

7. 더 이상 놀기 싫어요, 내 눈빛 좀 봐주세요

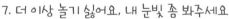

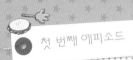

도리도리 까꿍!
또 하고 싶어요

와, 와! 재미있다.
이젠 안 울게요. 엄마 또 해주세요.
이렇게 재미있는 놀이가 다 있네요!
엄마랑 매일 까꿍놀이만
할래요.

까꿍

엄마 엄마..
또 나올거지.. 또또..
학학..넘조아..

아고고
허리야

엄마랑 재미있게 놀고 싶어요. 어떤 놀이를 하는 게 좋을까요? 아, '도리도리 까꿍!' 놀이가 좋겠어요. 까꿍놀이는 참 재미있어요. 아무리 많이 해도 질리지 않는걸요.

처음 까꿍놀이를 했을 때는 정말 놀랐어요. 분명 조금 전까지만 해도 내 앞에 엄마 얼굴이 보였는데, 금방 사라졌지 뭐예요? 엄마 목소리는 들리는데 얼굴은 보이지 않았어요. 그러더니 조금 있다 "까꿍!" 소리와 함께 엄마 얼굴이 다시 보였어요. 우아, 이렇게 신기한 건 처음 봤어요. 마술도 아니고 어떻게 그렇게 금방 사라졌다 다시 나타날 수 있는 건지, 엄마는 정말 대단해요.

울 때는 더 큰 목소리로, 동작도 크게 까꿍놀이를 해주세요

까꿍놀이는 언제 해도 재미있어요. 심심할 때 해도 재미있고, 다른 놀이를 하다가도 가끔씩 까꿍놀이를 하면 더 기분이 좋아져요.

기분 전환을 하는 데도 까꿍놀이가 최고예요. 내가 울거나 떼를 쓸 때, 욕구불만으로 화가 나 있을 때 까꿍놀이를 해주세요. 한 번, 두 번 까꿍놀이를 하다 보면 나도 모르는 사이에 활짝 웃게 되고, 울음소리가 어느새 "까르륵……." 웃음소리로 바뀌지요.

울고 있을 때는 까꿍놀이를 좀 더 크게 해야 내 관심을 끌 수 있답니다. 목소리도 더 크게 내고 동작도 더 크게 해주세요. 그래야 내가 울던 걸 잊어버리고 까꿍놀이에 빠져들 수 있거든요.

다양한 방법으로 까꿍놀이를 해주세요

까꿍놀이를 워낙 좋아하긴 하지만 한 가지 방법으로만 하는 건 지루해요. 손으로 얼굴을 가리면서 하는 까꿍놀이만 있는 건 아니죠? 엄마가 커튼 뒤에 숨었다 짠 하고 나타나는 것도 재미있어요.

까꿍놀이를 하면서 엄마가 진짜 사라진 것이 아니라는 걸 알게 되었는데도 커튼 뒤에 엄마가 숨었을 땐 또 놀랐어요. 이번에는 정말 엄마가 사라진 줄 알았거든요. 그런데 커튼을 열고 엄마가 "까꿍!" 하며 다시 나타나자 더 반갑고 재미있었답니다.

손수건이나 손으로 내 얼굴을 가렸다 벗겨주는 것도 좋아요. 엄마가 손으로 엄마 얼굴을 가리거나 커튼 뒤에 숨었을 때보다 더 짜릿하고 재미있어요. 내 얼굴을 가려주면 아무것도 보이지 않다가 벗겼을 때 짜잔 세상이 다시 보이는 게 너무너무 신기해요. 이젠 익숙해져서 엄마가 내 얼굴을 가려주지 않아도 내 손으로 가렸다 뗄 수도 있게 되었답니다.

아빠 뒤에 숨었다 나타나는 것도 재미있어요. 엄마하고 둘이서만 하다 아빠까지 셋이서 하면 더 신이 나요. 엄마 아빠가 다 나한테 관심을 갖고 놀아줘서 그런가 봐요.

여러 가지 다른 놀이도 해주세요

까꿍놀이도 재미있지만, 장난감 숨기기 놀이도 재미있어요. 저번 날에 엄마가 내가 가장 좋아하는 빨간색 불자동차를 소파 옆에 숨겼잖아요. 그러면서 "민서야, 민서가 제일 좋아하는 불자동차 찾아볼까?"라고 말했어요. 음, 나는 무척 고민이 되었죠. 내가 가장 좋아하는 불자동차가 없어지기라도 하면 큰일이거든요. 삼촌이 나한테 준 선물이잖아요.

어디로 숨었는지 몰라 두리번거리는데 아, 소파 옆에 뭔가 빨간 게 있었어요. 자세히 보니 불자동차의 앞부분이 살짝 보이는 게 아니겠어요? 엄마, 내가 불자동차 찾았어요! 아무래도 나는 꼬마 탐정인가 봐요. 재미있는 탐정놀이 또 하고 싶어요.

엄마가 책 읽어주는 것도 좋아요. 특히 동물들이 잔뜩 나와서 "꽥꽥!", "꿀꿀!", "음매~"라고 짖는 책 있죠? 그 책이 제일 좋아요. 엄마가 그 책을 읽을 때마다 우스꽝스럽게 동물들 소리를 흉내 내잖아요. 정말 재밌어요. 나도 엄마를 따라서 "꽥꽥!" 하고 말해 봤는데, 혹시 엄마 알아들었나요? 그리고 그렇게 재미있는 책을 읽을 때는 내가 책장을 넘기고 싶어요. 허락해 주실 거죠?

까꿍놀이는 재미있고 자신감도 생기게 해줘요

내가 한창 칭얼거리고 있을 때였어요. 엄마가 장난감을 가지고 달래주다가 갑자기 사라졌어요. 엄마가 내 옆에서 없어진 것에 놀라 눈물이 쏙 나오려고 할 때 저쪽 문 뒤로 엄마가 얼굴을 내밀었지요. 정말 놀랐어요. 엄마가 없어진 줄 알고 너무 무서웠거든요. 엄마가 "민서야, 까꿍!" 하실 때 그 무서웠던 마음이 스르르 없어지고 반갑고 편안해졌어요.

처음에는 불안하고 무서웠던 마음이 엄마가 몇 번 반복해주니까 재미로 바뀌었어요. 엄마가 지금은 사라졌지만 나에게 "까꿍!" 하면서 반갑게 나올 거라는 걸 이제는 알게 된 거죠. 나 진짜 똑똑하죠? 이렇게 매번 까꿍놀이를 하면서 엄마가 눈앞에서 없어져도 내 옆에 항상 있다는 것을 알게 되고, 이제는 점점 자신감도 생겼답니다.

엄마, 같은 것을 반복하는 것이 조금은 지겹겠지만 나에게는 자신감과 재미를 주는 놀이라는 것을 알아주세요.

까꿍놀이는 분리불안을 없애는 데도 좋아요

아기가 생후 6개월쯤 되면 낯가림을 하기 시작하면서 엄마에게서 떨어지지 않으려고 합니다. 엄마가 눈앞에 보이지 않으면 영영 사라진 줄 알고 불안해하기 때문이에요. 이런 아기들에게 까꿍놀이는 아주 효과적입니다. 보였다 사라졌다 하는 놀이를 통해 아기는 엄마가 지금 눈 앞에는 보이지 않지만 항상 옆에 있다는 것을 알게 된답니다.

생후 9~10개월이 되면 눈앞에 보이지 않아도 당황하지 않고 물건을 찾을 수 있을 정도로 인지능력이 발달합니다. 예를 들어 장난감을 보여준 뒤 수건으로 덮어두면 수건을 벗기고 장난감을 척척 찾을 수 있게 되지요.

까꿍놀이를 할 때 엄마가 완전히 안 보이면 불안해할 수도 있어요. 그럴 때는 완전히 숨지 말고 어딘가 살짝 모습이 보이게 숨는 것이 좋답니다.

변화무쌍한 놀이에
울다가도 웃게 돼요

어랏, 오늘은 어쩐지 엄마가
평소와는 다르네.
저런 신기한 놀이도 있었구나.
이제 그만 울어야겠다!

난 왜 이렇게 변화무쌍한 놀이가 좋은 거죠? 가만히 움직이지 않고 그대로 있는 것보다는 마구 변하면서 왔다 갔다 움직이는 것들을 보는 게 즐거워요.

그렇게 변화무쌍한 것들은 단숨에 내 시선을 사로잡는답니다. 울다가도 눈물을 뚝 그치게 되고요. 보고 또 봐도 신기해요.

천천히 변하는 것보다는 갑자기 짠짠 변하는 게 더 재미있어요. 갑자기 변하면 내가 깜짝 놀라지만 그래도 재미있는 걸 어떡해요. 아무리 달래도 내가 울음을 멈추지 않을 때는 이런 변화무쌍한 놀이를 해주세요. 금방 울음을 뚝 그칠 거랍니다.

보글보글, 비눗방울 놀이가 좋아요

돌 사진을 찍을 때 처음 비눗방울 놀이를 해 보았어요. 난 싫은데, 사진 찍어야 한다고 엄마가 억지로 옷을 벗기고 이상한 옷을 입혔잖아요. 짜증이 나서 막 울었어요. 그랬더니 사진 찍어주는 아저씨가 나를 달래려고 비눗방울 놀이를 해주셨어요.

아저씨가 빨대를 입에 물고 '후~' 하고 불자 커다란 방울이 둥실둥실 떠오르기 시작했어요. 투명하면서도 군데군데 오색 빛깔이 나는 방울이 공중에 이리저리 떠다니더니 어느 순간 '퐁!' 하고 터지면서 사라져버렸어요.

나는 정신없이 비눗방울을 보았어요. 움직이는 비눗방울을 따라 눈을 움직이다 손을 내밀어 비눗방울을 잡으려고 했어요. 잘 잡히지도 않았지만 힘들게 잡으면 그 순간 바로 '퐁!' 하고 사라져 버렸지요. 그렇게 비눗방울 놀이에 폭 빠져 있는 동안 눈물이 쏙 들어가 무사히 사진 촬영을 마칠 수 있었답니다.

엄마, 집에서도 비눗방울 놀이를 할 수 있게 해주세요. 바닥이 미끄러워져 위험하다고요? 내가 비눗물을 마실까 봐 걱정이라고요? 조심할게요. 그리고 엄마가 내가 비눗물을 마시지 않게 지켜봐주고, 바닥이 미끄럽지 않게 시트를 깔아주세요.

🐨 손수건에서 꽃이 피는 마술을 보여주세요

엄마는 마술사인가 봐요. 엄마의 마술을 보는 게 즐거워요. 분명 엄마 손에 있던 건 하늘하늘 부드럽고 가벼운 손수건이었어요. 그런데 엄마가 손수건을 동그랗게 말아 손에 숨겨두었다 활짝 폈더니 놀라운 일이 벌어졌답니다. 손 안에 뭉쳐져 있던 손수건이 펼쳐지는데 마치 한순간에 꽃이 피어나는 것처럼 보였거든요. 엄마 손에서 갑자기 튀어나온 꽃을 보고 깜짝 놀라 눈물도 뚝 그치고 흥미진진하게 바라보게 되었어요.

엄마가 "뽕!", "짜잔!" 소리를 내며 마술을 보여주면 더 재미있어요. 손수건 색깔에 따라 하얀 꽃이 필 때도 있고, 빨간색 꽃이 필 때도 있고, 아무튼 무지 재미있답니다.

난 엄마의 이런 마술이 무조건 좋아요. 손수건만 있으면 할 수 있는 마술이니 언제든 쉽게 보여줄 수 있는 거죠? 집에서 보는 것도 좋지만 외출할 때, 지하철처럼 답답한 공간에 있을 때 보여주면 참 좋겠어요.

🐳 어떻게 풍선이 커졌다 작아졌다 할 수 있나요?

내 울음을 멈추게 하는 놀이는 또 있어요. 바로 풍선 놀이예요. 빨간색, 하얀색, 파란색 여러 가지 색깔의 풍선이 커졌다 작아지는 모습은 정말 신기해요. 엄마가 풍선을 입에 물고 후 불면 커지고, 입을 떼면 다시 작아지네요.

풍선이 계속 커지는 건 재미없어요. 커졌다 작아졌다 하는 변화를 보고 싶어요. 그것도 빨리 빨리 커졌다 작아졌으면 좋겠어요. 풍선 색깔도 바꿔가며 빠르게 불었다 바람을 빼서 작게 만들어주세요. 풍선의 변화를 보고 있으면 기분이 저절로 좋아져요.

🐾 인형은 나의 소중한 친구예요

나는 인형 친구들이 꽤 있어요. 곰돌이, 강아지, 바비, 왕자님, 공주님, 개구리 등 많아요. 이 인형들은 나의 소중한 친구들이에요. 내가 울 때 이 인형들이 나를 위로해 주면 좋겠어요. 인형들은 혼자서는 움직일 수도, 말을 할 수도 없으니 엄마가 도와주세요. 내가 좋아하는 인형을 내 눈앞에서 움직이면서 말을 걸어주세요. 인형마다 목소리를 달리 해주셔야 해요.

공주 인형이 "서연아, 울지 마! 그렇게 울면 나도 슬퍼진단다." 이렇게 말을 걸어 주었을 때는 나의 마음을 이해하는 것 같아 참 기뻤어요. 그리고 그 다음에는 어떤 말을 할까 궁금해져 울음을 그치고 귀를 기울여보았어요. 그랬더니 "왜 울고 있어? 나쁜 일이 있었어?"라고 묻는 거예요.

왕자 인형, 곰돌이 인형도 질세라 내 눈앞에 나타나 말을 걸어주었어요. 인형들과 얘기를 하다 보니 기분도 좋아지고 울음도 뚝 그쳐서 웃을 수 있었답니다. 엄마, 앞으로도 인형 놀이를 자주 해주세요.

육아솔루션

인형 놀이는 엄마의 마음을 표현하는 데도 좋아요

아무리 엄마라도 아기가 계속 울고 떼를 쓰면 화가 나기 마련입니다. 달래도 달래도 울음을 멈추지 않고 계속 울면 엄마도 지쳐 어디론가 도망가 버리고 싶은 마음이 들기도 해요.

이럴 때 인형을 통해 엄마의 마음을 표현해 보세요. 직접 말을 하면 자칫 화난 감정이 아기에게 전달될 수 있는데, 인형을 통해 말을 하면 한결 부드럽게 이야기를 할 수 있답니다. 꼭 아기가 울 때가 아니더라도 평소 말수가 적거나 표현력이 부족해 아기에게 말을 잘 걸지 못하는 엄마라면 인형 놀이가 큰 도움이 될 거예요.

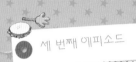

장난감처럼
책과 친하게 해주세요

음....... 왜 이리 질기지?
이번 책은 너무 딱딱해.
맛도 별로 없고 말이야.
지난 번의 푹신한 책이
내 입에는 딱이었는데. 쩝쩝!

그때 마당에
병아리가 …

지지!

헉!

냠냠

쩝쩝
쩝

마당을 나온 병아리

지난번에 엄마가 손에 네모난 것을 들고 오시더니 "짜잔~ 우리 윤서 책이야." 하셨어요. 그날 난 처음으로 책이란 것을 보게 되었어요.

책이란 게 어떤 건지 궁금해서 펼쳐보았어요. 정말 마음에 들더라고요. 알록달록 색깔도 예쁘고, 귀여운 동물 그림도 있고, 사람들도 있고, 집에서 많이 보던 물건들도 있어요. 한 장 한 장 제각각 다른 그림들이라 지루하지도 않아요.

그런데 엄마! 책도 장난감이랑 똑같은 거죠? 다른 장난감처럼 가지고 놀라고 주신 것 맞죠? 고마워요, 엄마! 잘 가지고 놀게요.

마음대로 물고 빨 수 있는 책을 주세요

나는 책이 좋아요. 그래서 손으로 만져 보기도 하고 입으로 빨아 보기도 했어요. 책은 어떤 맛일까 궁금해 한참 물고 빨고 하는데 엄마가 깜짝 놀라며 책을 빼앗았어요. "지지야 지지. 그렇게 먹으면 안 돼."라고 하면서 말이죠.

엄마, 책은 더러운 건가요? 입으로 빨면 안 되는 거예요? 그럼 책은 어떻게 갖고 놀아야 하는 건가요? 엄마가 나를 무릎에 앉히고 책장을 하나하나 넘기며 이야기를 들려주셨어요. 그렇게 책을 읽어주는 것도 재미있어요. 그렇지만 장난감처럼 책을 물고 빨고 찢는 것도 재미있단 말이에요. 정말 책을 입에 대면 '아야 아야' 하게 되는 건가요? 엄마, 마음껏 빨게 해주세요! 네?

그럼 엄마, 마음껏 물고 빨아도 안전한 책은 없나요? 내 마음대로 할 수 있는 책을 주세요. 엄마처럼 책을 얌전하게 들고 한 장 한 장 넘기면서 봐야 한다면 책이 싫어질 것 같아요. 불편하잖아요.

오감을 자극하는 그림책이 좋아요

책이랑 자꾸 놀다 보니 책도 종류가 다양하다는 걸 알았어요. 손에 만져지는 느낌도 책마다 달랐고요. 만졌을 때 만질만질한 느낌이 드는 책도 있고, 헝겊처럼 부드러운 느낌이 드는 책도 있더라고요. 책을 보는 것도 재미있지만 만지는 재미도 쏠쏠하답니다.

우아~ 소리가 나는 책도 있네요. 이게 웬일일까요? 예쁜 강아지 그림을 누르자 "멍멍!" 소리가 났어요. 강아지뿐만 아니라 호랑이, 송아지, 염소 등 다양한 동물 소리도 나고, 자동차의 빵빵 소리가 나는 책도 있어요.

어랏! 이 책은 버튼을 누르니까 흥겨운 노래가 나와요. 내가 제일 좋아하는 노래예요. 엄마랑 함께 노래를 부르면서 책을 보니까 훨씬 더 재미있어요.

엄마, 책 색깔은 화려한 게 좋아요. 한 장 한 장 넘길 때마다 색깔이 변하는 알록달록한 그림책은 정말 신기해요. 색깔만 화려한 것이 아니라 책을 열면 동물이나 자동차가 튀어나오는 책도 있어요. 동물들이 숨어 있다 '까꿍!' 하며 나타나는 것 같아 재미있답니다.

나는 보기만 하는 책이 아니라 손으로 만지고, 귀로 듣고, 눈으로 볼 수 있는 책들이 좋아요. 오감을 자극하는 책을 갖고 놀다 보면 마치 내가 책과 하나가 된 것 같은 기분이 든답니다.

📖 책과 숨바꼭질 놀이를 하고 싶어요

책은 내가 제일 좋아하는 장난감 중 하나예요. 나는 날마다 책이랑 어떻게 하면 재미있게 놀 수 있을까 궁리해요. 그러다 찾아낸 좋은 방법이 있는데, 바로 책이랑 숨바꼭질을 하는 거예요.

엄마, 책 좀 숨겨주세요. 너무 찾기 어려운 곳에 숨겨두시면 안 돼요. 아직 나는 어린 아기잖아요. 내가 평소 많이 다니는 곳에, 내 손길이 닿을 수 있는 곳에 숨겨주세요. 장난감 바구니 속에 다른 장난감이랑 섞여 있는 책을 찾거나, 이불을 들췄을 때 책이 있으면 너무나 반갑고 기분이 좋아요.

🥣 난장판으로 만들어도 혼내지 마세요

책꽂이에 있는 책들을 보고 있는데, 책들이 말을 했어요.

"윤서야, 여기는 너무 답답해! 나 좀 꺼내줘."

친구가 꺼내 달라는데 가만히 있을 수는 없잖아요. 책들을 모조리 꺼내 바닥에 늘어놓았어요. 놀이방에 있던 책들도 꺼내고, 거실에 있던 책도 다 꺼냈지요.

바닥에 뒹굴고 있는 책들을 보니 이번에는 책으로 블록을 쌓고 싶지 뭐예요. 그래서 책을 하나씩 쌓아 보았어요. 쌓았다 무너뜨리는 놀이가 참 재미있었답니다.

한참 책이랑 놀고 있는데. 설거지하던 엄마가 와서 보고 깜짝 놀라며 나를 혼내셨어요.

"윤서야, 책은 소중한 거야. 이렇게 아무렇게나 마구 바닥에 던져두면 안 돼."

엄마, 왜 그러면 안 되는 건지 잘 모르겠어요. 난 책이랑 신나게 논 것뿐인데 왜 나를 혼내시는 거죠? 책이랑 놀지 말라는 건가요? 내가 책이랑 어떻게 놀든 야단치지 마세요. 책과 친해지고 싶은 마음이 확 달아나버리려고 해요.

🐨 책은 이렇게 읽어주세요

엄마가 책을 읽어줄 때면 나는 아주 행복한 기분에 빠져들어요. 엄마의 다정한 목소리와 엄마가 들려주는 재미있는 이야기 둘 다 좋아요. 그런데 엄마, 책을 읽어줄 때는 책에 적혀 있는 내용만 그냥 덜렁 읽어주지 마세요. 그림에 대한 이야기도 해주고 책에 대한 흥미가 더 커질 수 있도록 대화를 나누어 가며 읽어주세요.

"윤서야, 다음에는 어떤 일이 벌어질까?"라고 물어봐 주는 것도 좋고, 만약 내일 병원에 가야 한다면 병원에서 경험하는 일들에 대한 책을 미리 읽어주어도 좋아요. 또 지난번에 다녀온 동물원 이야기가 담긴 책을 읽어주는 것도 좋고요. 그러면 동물원에서 보았던 곰, 사자, 원숭이 생각이 더 잘 날 것 같아요.

그리고 엄마, 아직 난 집중할 수 있는 시간이 짧다는 것도 생각해 주세요. 가끔 엄마가 책을 읽어주는 것에 너무 빠져서 내 상태를 체크 하지 못하는 것 같아요. 재미있고 신기해도 아직은 너무 오래 보지 못 한답니다. 그러니 내 표정과 상태를 잘 살펴보면서 책을 읽어주세요.

장난감처럼 마음껏 가지고 놀 수 있도록 안전한 책을 주세요

0~18개월까지의 영아기 아기들에게 책은 장난감일 뿐입니다. 물론 엄마가 읽어 주면 좋아하기도 하지만, 입으로 빨고, 손으로 만지면서 놀고, 때로는 찢기도 합 니다. 엄마 입장에서는 깜짝 놀랄 일이지만 아기로서는 너무도 당연한 일입니다. 이런 행동을 하지 못하게 하면 아기는 책에 흥미를 잃고 멀리할 수도 있답니다. 아기가 호기심을 충족시킬 수 있도록 하고 싶은 대로 마음껏 하게 놔두세요. 대 신 책이랑 놀다 다치면 안 되니까 책 모서리가 날카롭지 않은 것을 고르고, 종이 도 두꺼워 잘 찢어지지 않는 것을 골라주세요. 모서리가 날카로운 책은 모서리를 바닥에 콕콕 찍어서 둥글고 부드럽게 만들어주세요. 어느덧 아기가 책과 친해지 는 것을 볼 수 있답니다.

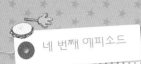

소리나는 놀이는
참 재미있어요

아니 이럴 수가!

찌찌직~

꺄르르르

어라?

찌지지직~

꺄르르르르르르르르

야호! 엄마,
나를 즐겁게 해주려고 찢는 건가요?
짝짝, 소리가 너무 재미있어요.
나랑 같이 찢으면 안 될까요?

엄마, 장난감 중에서도 소리가 나는 장난감 있잖아요. 장난감은 다 좋지만 소리가 나는 장난감은 더 좋아요. 난 꼭 장난감에서 나는 소리만 좋아하는 게 아니에요. 장난감이 아니더라도 재미있는 소리를 내는 놀이는 모두 좋아요.

평소 듣지 못했던 소리를 들으면 기분도 좋아져요. 그러니까 내가 울 때 엄마가 다양한 소리를 내는 놀이를 해주면 좋겠어요.

🐋 비닐봉지에서 나는 부스럭 소리가 궁금해요

비닐봉지에서 나는 부스럭 소리는 신생아 때부터 좋아했어요. 이 소리는 나뿐만 아니라 다른 아기들도 다 좋아하는 것 같아요. 비닐봉지 소리가 나는 장난감이 있는 걸 보면요.

정말 비닐봉지에서 나는 소리는 특별해요. 엄마가 비닐봉지를 귓가에 대고 부스럭거리는 소리를 내면 나는 그게 무슨 소리인지, 어디에서 나는 소리인지 궁금해져요. 호기심이 발동하는 거죠. 그래서 가끔은 손을 내밀어 뭔지 만져 보려고 할 때도 있어요. 신생아 때는 만져 보려고 해도 잘 안 되었지만요.

조금 더 커서 혼자 앉을 수 있을 때는 직접 비닐봉지를 만져 보면서 소리를 내게 해주세요. 나는 뭐든지 입에 넣는 버릇이 있잖아요. 비닐봉지를 입에 넣으면 질식할 수 있으니 내가 비닐봉지를 만지는 동안에는 엄마가 꼭 지켜봐주세요. 다 가지고 놀면 내 손이 닿지 않는 곳에 비닐봉지를 치워두는 것도 잊지 마시고요.

신문지를 구기거나 찢을 때 나는 소리도 재미있어요

화가 나서 울고 있는데 어디선가 "좌악, 좍!" 하는 소리가 들렸어요. 깜짝 놀라 소리가 나는 쪽으로 고개를 돌려 보니 엄마가 신문지를 찢고 있는 거예요. 신문지 찢는 소리도 비닐봉지 부스럭거리는 소리만큼이나 내 관심을 끄네요.

엄마만 신문지 찢지 말고 나도 신문지 찢을 수 있게 해주세요. 신문지를 구기는 것도 재미있어요. 엄마랑 신나게 신문지를 찢고 구기다 보면 어느새 기분이 좋아진답니다.

신문지도 먹으면 안 되죠? 그래도 난 워낙에 뭐든지 먹으려고 드니까 신문지 놀이를 할 때도 입에 넣지 않도록 지켜봐주세요. 다 놀고 난 후에는 꼭 손도 닦아 주시고요.

울다가도 웃게 만드는 '아바바바' 소리를 들려주세요

'아바바바' 놀이는 정말 재미있어요. 울다가 웃게 될 정도로요. '아바바바' 놀이를 처음 한 건 울 때였어요. 마구 소리 높여 우니까 엄마가 내 입에 엄마 손을 댔다가 떼기를 반복했죠. 그랬더니 "와앙와앙~" 울음소리가 신기하게도 "아바바바~"로 바뀌었어요. 그 소리가 얼마나 웃기던지 울던 것도 잊고 웃어버렸지요.

엄마는 처음에는 천천히 하다가 내가 소리를 인식하자 손을 빠르게 움직이면서 속도에 변화를 주셨어요. 속도가 변하니까 '아바바바' 소리가 더 재미있게 나더라고요. 엄마도 같이 '아바바바' 소리를 내주니까 아바바바 놀이가 더욱 재미있어요.

엄마가 입술로 내는 '푸르르르' 소리도 나를 즐겁게 한답니다. 엄마가 '푸르르르' 소리를 낼 때 엄마 입술을 만져 보면 더 재미있어요. 입술이 떨리는 느낌이 신기하거든요.

내 목소리를 듣는 것도 신기하고 좋아요

난 엄마 뱃속에 있을 때부터 소리를 듣는 게 좋았어요. 엄마 아빠 목소리도 좋았고 외부에서 들리는 음악 소리와 기계음 소리들도 너무 신기하고 즐거웠어요. 뱃속에 있을 때는 아무것도 볼 수 없고 소리만 들렸으니까 너무 궁금했거든요. 태어나서 소리가 나는 것을 직접 보니까 신기하고 재미있고 그랬어요. 물론 지금도 그렇지만요!

그런데 얼마 전에 내가 들어보지 못한 정말 신기한 소리를 발견하게 되었어요. 그건 바로 내 목소리였답니다. 내가 처음 "어마!" 하고 엄마를 부르며 말을 했을 때 엄마 아빠는 너무 감격해하며 행복해하셨어요. 그러면서 내가 조금씩 한 마디 두 마디 말을 하니까 녹음을 하신 거예요. 내가 놀다가 조금 지루해하면 한번씩 나한테 들려주셨는데, 그것이 내 목소리인 줄은 꿈에도 몰랐어요. 처음에는 누가 저렇게 어눌하게 말하는 거야 생각했거든요. 엄마 아빠처럼 잘 알아듣게 말하지도 못하고 말이죠.

그런데 엄마가 "이건 누구 목소리일까? 우리 혜주네. 우리 혜주가 무슨 말 하고 있는 거야?" 하고 말씀하셨을 때 난 깜짝 놀랐어요. 나한테 들리는 내 목소리와 바깥에서 들리는 목소리가 원래 이렇게 다른 건가요?

가끔씩 내가 말하는 것을 듣다보니까요, 말도 좀 잘하고 노래도 잘하고 그래야겠다는 생각이 들어요. 엄마, 나중에 내가 지금보다 말을 더 잘하고, 노래도 잘하면 그것도 녹음해서 들려주세요. 내가 잘하는 것을 듣게 되면 자신감이 많이 생길 것 같아요.

육아솔루션

다양한 소리로 청각을 발달시켜 주세요

아기가 엄마 뱃속에 있을 때 엄마 목소리를 자주 들었다면 출생 직후 엄마 목소리를 인식할 수 있다고 해요. 그렇지만 청각은 다른 감각에 비해 아주 느리게 발달합니다. 특히 언어를 알아듣기까지 시간이 오래 걸리지요.

아기와 다양한 청각 놀이를 하면 청각을 발달시키는 데 도움이 됩니다. 다양한 소리를 반복해서 들려주면 청각 신경세포는 물론 뇌에도 자극을 주어 뇌세포도 쑥쑥 발달하게 된답니다.

난 반복하는 놀이가 좋은데, 그만하자고요?

와, 박수, 박수!
엄마, 아빠! 칠 때마다 박수소리가
달라요. 어떻게 이럴 수 있죠?
매번 새로워요. 재미있고요.
그러니 다시 쳐 주세요.

언제까지
이렇게
쳐야 하는 거야!

좋아하는데
그만둘 수도
없고......

하.. 하.. 하..

으~ 으~

욱신 욱신

욱신 욱신

박뚜 박뚜 박뚜

183

나는 어떤 놀이를 한번 시작하면 계속 반복해서 하는 게 정말 좋아요. 재미있는 놀이는 하루 종일 반복해도 싫증이 나지 않는답니다.

그런데 엄마는 어른인데도 금방 싫증을 내는 것 같아요. 처음에는 함께 잘 놀아주다가도 조금 시간이 지나면 그만 하자고 하시잖아요. 한참 재미있게 노는데 말이에요. 더 놀고 싶은데 그만 하자고 하면 얼마나 짜증나고 속상한지 아세요? 이렇게 재미있는데 왜 그만 놀아야 하는 거죠?

그만 하고 싶을 때까지 계속 반복하며 놀고 싶어요. 엄마가 무지 싫어해도 난 오늘도, 내일도 떼를 써서라도 계속 똑같은 놀이를 하고 말 거예요.

똑같은 놀이도 내겐 늘 새로워요

엄마, 똑같은 놀이를 반복하는 게 그렇게 힘든 일인가요? 나는 신나고 재미있기만 한데 엄마는 그렇지 않은가 봐요. 똑같은 놀이를 반복해도 그때마다 느낌이 달라 새롭고 재미있어요. 그래서인지 반복하면 할수록 점점 더 흥미로워지고 배우는 것도 많아져요. 그런데 어떻게 그만둘 수가 있겠어요?

사실 똑같은 놀이를 반복하면 익숙해지긴 해요. 내가 좋아하는 그림책을 여러 번 되풀이해 들으면 어떤 내용인지 다 알겠어요. 그렇지만 상황이 매번 다르잖아요. 엄마가 책을 읽어주는 목소리도 다르고,

어떤 때는 책장이 빨리 넘어가거나 늦게 넘어가기도 하잖아요. 그런 새로움이 날 즐겁게 하는 거예요.

여러 번 되풀이해서 다음 내용이 어떤 것인지 짐작할 수 있게 되면 더 재미있어요. 이쯤 돼서 강아지가 나올 것 같다는 생각이 들 때 강아지가 나오면 기분이 짜릿해요.

그림책 보는 놀이 외에도 뭐든 반복하는 게 좋아요. 앞으로도 계속 재미있는 놀이에 꽂히면 무한 반복할 거예요. 그러니까 엄마가 나를 좀 이해해 주세요.

🍪 반복 놀이를 하면서 배워요

똑같은 놀이를 반복하는 건 재미있는 일이에요. 그렇지만 단순히 재미만을 위해 반복하는 것은 아니랍니다. 18개월 이하의 아기들은 반복을 하면서 세상을 배우게 돼요.

엄마가 볼 때는 아무것도 아닌 일도 나에겐 다 새롭고 어려운 일이에요. 짝짝짝 박수를 치는 것도 얼마나 어려웠다고요. 양손이 마주치게 하는 것도 어려웠고요. 소리도 잘 나지 않았어요. 그런데 반복하고 또 반복하다 보니 박수를 잘 칠 수 있게 되었지 뭐예요.

무언가를 조금씩 더 잘할 수 있게 된다는 건 참 기쁜 일이에요. 낯설었던 동작이나 행동을 잘할 수 있게 되니 자신감도 붙고 마음도 편하고 즐거워요.

여러 번 반복하면서 익숙해진 동작을 조금 변형시켜 보고 싶은 마음도 생겨요. 엄마가 보면 똑같은 동작을 계속하는 것 같지만 자세히 봐주세요. 똑같은 동작 같으면서도 조금씩 다를 거예요. 이처럼 나는 똑같은 놀이를 반복하면서 많은 것을 배우고 발전시켜 간답니다.

🐨 아빠가 같이 움직이며 놀아주세요

엄마는 너무 힘이 없는 것 같아요. 내가 조금만 많이 움직여도 힘 들어하고 어쩔 줄 몰라 하시거든요. 내가 몇 번이고 같은 놀이를 하고 싶어 하는데도 엄마는 지친 표정으로 날 보고 계실 때가 많아요.

그럴 때면 내가 재미있게 노는 것이 엄마에게는 안 좋은 게 아닌가 하는 생각이 들어요. 더 놀고 싶을 때 제대로 못 노니까 화가 나기도 하고요. 물론 대부분은 엄마가 억지로 놀아주곤 하시지만요.

어제는 엄마가 외출을 했답니다. 그래서 아빠랑 둘이서 박수치기 놀이를 했어요. 아빠의 박수 소리는 엄마의 박수 소리보다 아주 크고 우렁찼어요. 아빠가 박수를 칠 때마다 그 큰 두 손이 딱 하고 부딪치면서 또 다른 소리가 나는 것이 너무 재미있었어요. 한참을 그러고 놀았지요.

박수치기 놀이가 지겨워질 때쯤 아빠가 다시 까꿍놀이를 해주셨어요. 아빠가 온 방안을 돌아다니며 숨고는 내게 "까꿍" 하고 나타나셨어요. 그러면 나도 기어서 여기저기 아빠를 찾아다니고는 했지요. 정말 재미있었어요.

그리고 그렇게 재미있게 놀다가 기분 좋게 피곤해져서 곧 낮잠을 잤어요. 아주 편안하게요.

엄마랑 하는 놀이는 금방 끝이 나곤 하는데 아빠랑 노니까 내가 싫증이 날 때까지 놀 수가 있네요. 엄마, 몸을 많이 움직이고 반복해서 놀 때는 아빠랑 같이 마음껏 놀고 싶어요. 그러니까 바빠도 아빠 보고 많이 놀아주라고 해주세요.

인내심을 갖고 반복 놀이를 같이 해주세요

어른이 똑같은 놀이를 끊임없이 되풀이하기는 쉽지 않습니다. 굉장한 인내심을 필요로 하지요. 그렇지만 아기는 반복 놀이를 통해 즐거움도 느끼고, 새로운 것들을 배워 나갑니다. 또한 운동 조절 능력을 키우고, 신체 협응 능력도 배운답니다. 단순한 놀이를 넘어 중요한 학습 과정이나 마찬가지이므로 엄마가 힘들다고 그만두게 하지는 마세요. 또 이왕 함께 놀아주는 것 지루하고 지친 내색을 하지 말고 열심히 놀아주어야 아기도 즐겁고 행복하답니다.

그리고 7~8개월이 넘어가면 아기의 몸 움직임이 커집니다. 움직임이 큰 놀이를 엄마가 계속 반복하면서 놀아주다 보면 곧 지치게 되므로 가능하면 아빠가 아이랑 같이 놀아주세요. 이때부터 아빠의 역할이 아주 중요하답니다.

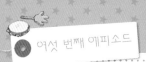

놀 때는 수다쟁이 엄마가
되어주세요

엄마, 나에게
얘기 좀 많이 해주세요.
난 궁금한 것이 정말 많은데
엄마는 너무 말이 없어요.
혹시 나랑 노는 게
싫은 건 아니죠?

와~ 모야?

꽃이야…

저건 모야?
모야?

시큰둥

지지…
지지…

이건
모야?
모야?

188

엄마는 나를 아주 많이 사랑해 주세요. 내가 울면 집안일을 하다가도 바로 달려와 안아서 달래주고, 언제나 환하게 웃으며 나를 대해 준답니다. 그런 엄마가 난 정말 좋아요.

하지만 엄마, 엄마는 너무 조용해요. 나는 엄마 목소리를 자주 듣고 싶은데, 엄마는 말을 많이 하는 걸 별로 좋아하지 않는 것 같아요. 특히 놀 때는 더 그래요. 놀 때 얘기를 많이 해줄 수는 없나요? 엄마가 말이 없으니 혹시 엄마가 나랑 노는 게 재미 없나 하는 생각이 들어요. 그러면 나도 노는 데 흥이 떨어지게 돼요. 과묵한 엄마보다는 수다쟁이 엄마가 좋아요. 나에게 말 좀 많이많이 걸어주세요.

라디오나 텔레비전 소리, 또는 여러 가족들이 대화하는 소리는 나에게 반응해 주지 않아서 엄마 소리만큼 좋지 않아요. 난 엄마랑 얘기하고 싶단 말이에요. 내가 하는 말이 무슨 말인지 모르더라도 열심히 대답해 주세요. 그러다 보면 난 어느새 언어 박사가 되어 있을 테니까요. 내가 옹알이를 할 때 엄마가 대답해 주고 "우리 아영이 기분 좋아요?"라고 말해 주면 난 더 신이 나서 얘기를 많이 하고 싶어져요.

나는 엄마의 주의를 끌고 싶을 때면 좀 더 새로운 말로 얘기해요. 그럴 때는 큰 소리로 더 반갑게 대꾸해 주세요. 내가 무슨 말을 하고 있다는 것을 알아들었다는 듯이 말이에요. 그러면 나는 뭔가를 원할 때 '말'을 사용해야겠다는 걸 깨닫게 될 거예요.

나는 기분이 아주 좋을 때는 소리를 질러요. 그럴 때는 엄마도 즐거운 목소리로 대답해 주실 거죠? 내가 기뻐하는 것을 엄마도 좋아한다는 것을 알면 나는 좀 더 행복할 거예요. 그렇게 엄마랑 나는 서로 감정을 나누는 거겠죠?

🐋 찾기 놀이를 할 때 내 이름을 붙이면 더 재미있어요

돌이 지나면서 나는 내 몸을 거의 다 알게 되었어요. 꽤 많이 자랐죠? 눈, 코, 입, 귀, 손, 발 등이 어디 있는지를 찾는 놀이는 참 재미있어요. 이 놀이는 "코가 어디 있지?"라고 하면 코를 가리키고, "입이 어디 있지?"라고 물으면 입을 가리키는 놀이예요.

가끔은 헷갈릴 때도 있어요. 그럴 때는 친절하게 엄마가 어디에 있는지 알려주세요. 그런데 엄마, 참 신기한 걸 발견했어요. 엄마가 그냥 내 코를 가리키며 "이게 코야."라고 말할 때보다 "이게 아영이 코야."라고 내 이름을 붙여주면 머릿속에 더 쏙 들어온답니다.

놀이를 할 때도 "코가 어디 있을까?"라고 말할 때보다 "아영이 코가 어디 있을까?"라고 물으면 더 재미있기도 하고, 찾기도 쉬워요.

꼭 몸뿐만 아니라 다른 사물 찾기 놀이를 할 때도 내 이름을 붙여주세요. "우리 아영이가 좋아하는 포도는 어디 있을까?", "아영이가 좋아하는 곰돌이 인형은 어디 있을까?"라고 말이에요.

찾기 놀이가 아닌 다른 놀이를 할 때도 내 이름을 많이 불러주세요. 내 이름을 많이 불러줄수록 더 똑똑해지는 것 같답니다.

🐾 단순하게 짧은 문장으로 말해주세요

엄마가 내가 말하는 것에 아무 대꾸도 없고 말이 없는 것도 싫지만요, 그렇다고 나를 아예 어른처럼 생각하고 복잡하고 너무 긴 말을 하는 것도 받아들이기 어려워요. 엄마가 무슨 말을 하는 건지 도통 알아들을 수가 없거든요.

단순한 문장으로 너무 길지 않게 내 말에 호응을 해주세요. 그러면 쉽게 이해할 수 있을 거예요. 긴 문장도 두 개의 문장으로 끊어서 말해주세요. 예를 들어 "오른편에 있는 파란색 차를 봐."라고 말하는 것보다는 "오른편에 있는 차를 봐. 파란색이야."라고 말하는 것이 이해하기가 쉽답니다.

쉽게 얘기해 주신다고 '맘마', '까까' 같은 완전 아기용 단어들을 사용해서 알려 주지는 마세요. 처음 태어났을 때나 써 주시고요, 어느 정도 자랐을 때는 제대로 된 단어를 써주세요. 그래야 언어 발달도 빠르고 나중에 어른들이 쓰는 단어를 다시 배우는 일이 없을 거예요.

👶 놀 때 엄마가 얘기를 많이 안 하면 신이 덜 나요

"엄마, 화난 것 아니죠?"

놀 때 엄마가 아무 말도 안 하면 괜히 풀이 죽어요. 엄마는 놀기 싫은데, 내가 놀아달라고 해서 억지로 노는 것 같은 느낌이 들어서죠. 그런 느낌이 들면 점점 나도 재미가 없어져요. 재미있게 놀고 싶은데, 그렇게 하지 못하니 짜증이 나기도 하고요.

엄마, 어떤 놀이를 하든 말을 많이 해주세요. 엄마가 말을 많이 걸어주면 줄수록 난 더욱 놀이에 빠져들어 신나게 놀 수 있고 인지 발달도 빠르답니다.

그리고 일상생활에서 일어나는 모든 일들에 대해서도 끊임없이 말을 해주세요. 엄마가 빨래를 개고 있으면 개고 있는 옷의 이름을 알려주세요. "이건 아영이 치마야." "이건 아빠 셔츠야." 하면서 알려 주시면, 엄마와의 놀이도 되고 두뇌가 쑥쑥 발달할 뿐만 아니라 세상에 대해 더 많은 호기심을 갖게 될 거예요.

육아솔루션

엄마의 수다는 아기의 언어 발달에 효과적이에요

보통 아기는 돌이 지나면서부터 본격적으로 말을 배우기 시작합니다. 아기마다 개인차가 있기 때문에 말이 좀 더 빠를 수도 있고, 늦을 수도 있어요. 그러니까 말이 좀 늦는다고 크게 걱정할 필요는 없습니다.

그렇지만 아기가 지나치게 말이 늦는다면 혹 엄마 때문은 아닌지 생각해 보아야해요. 엄마가 너무 말이 없으면 그만큼 아기가 언어를 배울 수 있는 기회가 줄어들거든요. 원래부터 말이 없는 엄마라면 수다쟁이가 되기 어려울 거예요. 하지만 아기를 위해 억지로라도 수다쟁이가 되는 연습을 하세요. 엄마가 말이 많아야 아기도 언어를 빨리 배우고 똑똑해질 수 있답니다.

더 이상 놀기 싫어요,
내 눈빛 좀 봐 주세요

어휴, 피곤해. 우리 엄마는
왜 이리 눈치가 없을까?
엄마의 반짝이는 눈빛이 부담스러워요.
엄마 내 눈빛 좀 봐 주세요.
나 지금 힘들다니까요!

꺄~

삑-
삑-

피곤

193

엄마, 노는 건 정말 재미있어요. 그런데 한참 동안 까르륵 웃고, 활발하게 움직이면서 놀다 보면 무척 피곤할 때가 있어요. 더 놀고 싶은 마음도 있지만 힘이 들어서 좀 쉬고 싶다는 생각이 절로 든답니다.

그만 놀고 싶은데 엄마가 눈치 채지 못하고 계속 놀아주려고 하면 힘이 들어요. 쉬고 싶은 생각이 들 때 바로 쉬면 괜찮은데, 놀이에 빠져 지나치게 많이 놀면 기운이 쪽 빠지고, 기분도 썩 좋지 않고 짜증만 나거든요.

얼굴을 외면하면 놀이를 멈춰주세요

엄마, 내가 언제 그만 놀고 싶어 하는지 잘 모르겠다고요? 조금만 주의 깊게 보면 금방 알 수 있어요. 신나게 놀 때는 엄마랑 눈 맞추는 걸 좋아해요. 하지만 더 이상 놀고 싶지 않을 때는 엄마 얼굴을 외면한답니다. 이게 바로 신호예요.

몇 번씩 신호를 보내도 엄마가 알아차리지 못하면 답답해요. 왼쪽으로 얼굴을 돌리면 엄마가 굳이 따라와 내 얼굴을 쳐다보며 눈을 맞추기도 하지요. 얼굴을 돌려 의사를 표시하는 것은 태어난 지 3~6주만 지나면 바로 할 수 있어요.

기침이나 재채기, 딸꾹질을 할 수도 있어요. 아주 아기 때는 어떻게 싫다는 표현을 해야 할지 잘 몰라 스트레스를 이런 식으로 표현하는 것이죠. 스트레스가 심하면 불쾌감을 표현하거나 큰 소리로 울기도 한답니다.

적당한 놀이는 나를 성장시키는 데 큰 도움이 되지만 너무 자극이 지나치면 오히려 해가 돼요. 그러니까 내가 그만 놀고 싶다는 신호를 보내면 놀이를 멈춰주세요.

엄마, 어제는 정말 놀고 싶지 않았어요. 어제따라 다른 날보다 일찍 낮잠을 자고 싶었거든요. 그런데 그때 마침 손님이 오셨어요. 처음 보는 낯선 아줌마였는데, 엄마는 그 아줌마한테 내가 똑똑하다는 걸 알리고 싶으셨나 봐요. 엄마가 자꾸 "윤호야, 엄마 해봐. 응? 엄마!" 라고 하셨어요. 그러고는 "우리 윤호 예쁜 눈이 어디 있더라?"라고 묻기도 하셨고요.

엄마, 난 그때 너무 졸렸어요. 그래서 엄마 머리를 잡아당기고 다른 데를 바라보기도 하고 짜증도 냈죠. 그러다 와락 울음을 터뜨렸어요. 평소 그 시간이면 재미있게 엄마랑 놀고 싶었을 텐데, 어제는 이상하게 졸리기만 했어요. 그럴 때는 저한테 무언가를 하라고 요구하지 말아주세요. 엄마도 피곤할 때는 아무것도 하기 싫으시잖아요. 그래서 가끔은 "오늘은 꼼짝도 하기 싫은 날이야. 자기가 윤호 좀 봐주면 안될까?" 하면서 아빠에게 날 맡기는 것 다 알아요. 엄마, 내 마음 이해하시죠?

자극이 너무 많으면 호기심이 없어져요

얼마 전에 엄마가 외출하셔서 사촌 누나가 날 봐줬잖아요. 그날은 평소 엄마랑 노는 것과는 달리 여러 가지 재미있는 것을 많이 가지고 놀았어요. 누나가 여러 가지 장난감도 준비해 와서 엄마랑 해보지 못했던 놀이를 많이 했어요.

그런데요, 엄마! 재미있기도 했는데 재미있는 놀이만 계속하다 보니까 점점 호기심이 없어져버렸어요. 그리고 조금 지나니까 정말 힘들어지더라고요. 그래서 누나한테 내가 힘들고 지루하다는 신호를 마구 보냈지요. 아무리 신호를 보내고 보내도 누나는 내 신호를 전혀 몰라주네요. 내가 재미없어 하니까 더 재미있게 해주려고 또 새로운 놀이를 해줬어요.

누나가 해주는 새로운 놀이는 하나도 즐겁지 않았어요. 또 이번에는 어떤 놀이를 해줄까 궁금하지도 않았고요. 그냥 난 아무것도 하지 않고 편히 쉬고 싶었거든요. 엄마는 내가 힘들어하면 바로 알아채고 쉬게끔 해주는데 누나는 아직 몰라서 날 힘들게만 했어요.

이렇게 지루하고 쉬고 싶을 때 쉬지 못하고 끊임없이 놀게 되면 몸도 힘들고 지치지만, 이런 놀이들에 흥미를 잃게 돼요. 집중력도 없어지고 호기심도 사라지게 되고, 다음에 다시 하고 싶다는 생각도 그만 없어져요.

내가 쉬고 싶을 때 잘 쉬게 되면 다음에 놀 때는 더 집중해서 놀 수 있을 것 같아요. 그런데 적절하게 쉬지 않고 계속 놀게 된다면 나중에는 언제 쉬어야 할지를 모를 것 같아요. 엄마, 내 눈빛과 신호를 잘 살펴서 놀이와 휴식을 적절히 하게끔 해주세요.

아기에게도 혼자 쉴 수 있는 시간이 필요해요

조그만 아기가 혼자만의 시간을 갖는다는 건 쉽게 상상할 수 없는 일입니다. 하지만 아기도 자기 나름의 방식으로 조용히 자기 내면을 들여다볼 때가 있습니다. 실컷 놀고 난 후, 낮잠을 자기 전이나 잠에서 깨어났을 때 아기가 눈을 크게 뜨고 먼 곳을 멍하니 바라보는 표정을 지을 때가 있을 거예요. 이때가 바로 자기만의 시간을 갖는 명상 시간이에요.

아기가 명상을 할 때는 방해하지 않도록 조용한 환경을 만들어주는 것이 좋아요. 놀 때는 신나게 놀고, 명상을 할 때는 명상에 몰입할 수 있게 해주는 것이지요. 혼자 조용히 명상 시간을 가지며 자란 아기는 집중력도 좋고 정서적으로도 안정이 된답니다.

Part
06

무조건 먹이지는
말아 주세요

1. 꼭 필요할 때만 공갈 젖꼭지를 물리세요

2. 무조건 젖만 물리면 내가 좋아할 줄 아세요?

3. 밥은 싫어요, 계속 우유만 먹을래요

4. 간식도 아무 때나 아무거나 주지 마세요

5. 의자는 싫어요, 엄마 무릎에 앉아 먹을래요

6. 내가 밥을 안 먹는 이유를 알아주세요

7. 내 숟가락으로 혼자 먹어볼래요

꼭 필요할 때만
공갈 젖꼭지를 물리세요

엄마는 내가 칭얼거리기만 하면 공갈 젖꼭지를 입에 물려요. 그게 싫지는 않아요. 공갈 젖꼭지를 빨고 있으면 마음이 편해지거든요. 맛있는 우유가 나오는 건 아니지만 무언가를 빨고 있다는 것만으로도 기분이 좋아요.

하지만 배가 고파서 울거나 칭얼거리는데 공갈 젖꼭지를 물리면 화가 나요. 내가 꼭 배가 고파서 엄마 젖을 빨고 싶은 것은 아니랍니다. 허전하고 불안해서, 무언가 마음에 들지 않을 때 빨고 싶은 욕구가 발동하는 경우가 더 많아요. 그럴 때는 공갈 젖꼭지를 빠는 것으로 충분하니 물려주세요.

그런데 시도 때도 없이 공갈 젖꼭지를 빨다 보니 이젠 공갈 젖꼭지를 물고 있지 않으면 불안해요. 꼭 빨고 싶은 욕구가 없는데도 자꾸 공갈 젖꼭지를 찾게 돼요. 어떻게 하면 좋죠?

🍼 공갈 젖꼭지에 의존하지 않게 해주세요

생후 6개월까지는 빨고 싶은 마음이 아주 큰 것 같아요. 엄마 젖을 빨면서 빠는 욕구를 충족시킬 수 있으면 좋겠지만 그럴 수 없다는 거 알아요. 엄마가 하루 종일 젖만 물리고 있을 수는 없잖아요. 그럴 때 공갈 젖꼭지를 주세요. 워낙 내가 빨고 싶어 하는 욕구가 큰 시기이므로 공갈 젖꼭지를 자주 물려주셔도 괜찮아요.

하지만 6개월 이후에는 꼭 필요할 때만 공갈 젖꼭지를 물려주세요. 울거나 칭얼거릴 때마다 공갈 젖꼭지를 물리면 싫어요. 6개월 이

전이라도 빨고 싶어하지 않는데 단지 우는 나를 달래기 위해 공갈 젖꼭지를 물리지 않았으면 좋겠어요. 싫어서가 아니에요. 내가 너무 공갈 젖꼭지를 좋아해 의존하게 될까 봐 걱정스러워서 그래요.

꼭 필요할 때 공갈 젖꼭지는 울음을 금방 멈추게 하는 마법 같은 힘을 발휘해요. 그래서 엄마도 내가 울 때마다 공갈 젖꼭지를 물려주고 싶은 충동을 느끼실 거예요.

그렇지만 아무 때나 공갈 젖꼭지를 무는 게 버릇이 되면 마법의 힘은 약해질 수밖에 없어요. 더 이상 공갈 젖꼭지가 나를 달래지 못할 수도 있다는 거죠. 공갈 젖꼭지의 마법이 사라지지 않도록 꼭 필요할 때만 사용해 주세요.

🐨 돌 이후에는 공갈 젖꼭지를 물지 않도록 해주세요

꼭 필요할 때만 공갈 젖꼭지를 물려 달라는 이유는 또 있어요. 공갈 젖꼭지를 커서도 계속 물고 있을 수는 없잖아요. 언젠가는 꼭 끊어야 하는데, 버릇이 되면 끊기가 너무 어려워요.

치아에도 문제가 생길 수 있대요. 공갈 젖꼭지를 지나치게 많이 빨면 위쪽 앞니가 튀어나올 수도 있고, 치아가 가지런하게 나지 않고 삐뚤삐뚤해질 수도 있답니다. 치아가 그렇게 못생겨지는 건 싫어요.

공갈 젖꼭지 때문에 치아가 흐트러지지 않게 하려면 이가 나기 시작할 때부터 되도록 공갈 젖꼭지를 적게 물려주세요.

잠투정을 할 때도 공갈 젖꼭지를 물리지 않았으면 좋겠어요. 잠을 자는 데는 도움이 되겠지만 공갈 젖꼭지를 문 채로 자다 보면 충치가 생길 수도 있답니다. 여러 가지로 치아 건강에는 공갈 젖꼭지가 좋지 않은 것 같아요. 또 자다가 물고 있던 공갈 젖꼭지가 빠지면 잠이 깰 수도 있고요.

엄마, 가능하면 돌 이전에 완전히 공갈 젖꼭지를 끊을 수 있도록 도와주세요. 돌 전에 끊을 수 있으면 가장 좋지만, 혹 늦어지더라도 만 두 돌을 넘지는 않게 해주세요. 그렇다고 너무 강제로 공갈 젖꼭지를 끊지는 말아주세요. 그동안 익숙해진 공갈 젖꼭지를 끊는 일은 나에겐 아주 힘들고 고통스러운 일이에요. 만약 억지로 공갈 젖꼭지를 끊게 한다면 나는 공갈 젖꼭지 대신 손가락을 빨지도 몰라요.

조금씩 공갈 젖꼭지를 물리는 횟수를 줄이면서 자연스럽게 끊을 수 있도록 도와주세요. 지금은 공갈 젖꼭지를 너무 좋아해 걱정이 되시겠죠? 시간이 지나 자라면서 내가 더 재미있는 일에 관심을 갖게 되면 점점 공갈 젖꼭지를 찾는 일이 줄어들 거예요.

🐋 공갈 젖꼭지는 깨끗하게 소독해 주세요

공갈 젖꼭지를 빨다 보면 입에서 빠질 때가 있어요. 바닥에 떨어져 먼지가 묻을 수도 있고요. 더러운 공갈 젖꼭지를 계속 물고 있으면 나쁜 세균에 감염될 수 있답니다.

특히 생후 6개월까지는 면역력이 약해 공갈 젖꼭지가 더러우면 세균에 감염되기가 쉬워요. 우유병을 삶아 소독하듯이 공갈 젖꼭지도 깨끗하게 소독해 주시는 것, 잊지 마세요.

　6개월 이후에는 어느 정도 면역력이 생겨 자주 공갈 젖꼭지를 소독하지 않아도 괜찮아요. 내가 혼자서 떨어진 물건을 집어 입에 넣을 수 있으면 면역력이 생겼다고 보셔도 돼요. 그래도 공갈 젖꼭지는 깨끗할수록 좋을 것 같아요.

모유를 먹일 때는 더더욱 공갈 젖꼭지를 물리지 마세요
모유 수유를 할 때는 우유를 먹일 때보다 더 공갈 젖꼭지를 조심해서 사용해야 한답니다. 특히 생후 4~6주 이전의 아기들에겐 공갈 젖꼭지를 주지 않는 것이 좋습니다. 아직 엄마 젖꼭지에 익숙하지 않아 혼동이 생길 수 있어요. 모유는 아기가 자주 엄마 젖을 빨아야 잘 나오기 때문에 공갈 젖꼭지를 일찍 물리면 모유 양이 줄어들 수도 있으니 주의해야 해요.

무조건 젖만 물리면
내가 좋아할 줄 아세요?

싫어요. 싫어! 난 졸릴 뿐인데,
엄마 젖은 아까도 먹었잖아요.
투정한다고 젖만 물려주시면
어떡해요? 엄마 센스는
빵점이에요.

나는 엄마 젖을 빨 때 가장 편안하고 행복해요. 엄마 품에 안겨 따뜻한 엄마 가슴을 만지면서 젖을 빨면 세상을 다 얻은 것 같은 기분이 들거든요.

엄마 젖을 내가 아주 좋아한다는 걸 엄마도 잘 아시는 것 같아요. 그래서인지 울거나 떼를 쓰면 젖부터 덥썩 물려주시죠. 엄마로선 당연한 일이에요. 나를 달래는 데는 젖을 물리는 것보다 더 좋은 방법은 없으니까요.

그렇지만 엄마, 나는 점점 자라고 있어요. 여전히 엄마 젖을 빠는 게 좋지만 너무 자주 물리면 싫을 때도 있어요. 이러다 영영 어린 아가로 머무는 것은 아닌가 걱정스럽기도 하고요. 이런 내 마음을 이해해 주세요.

아무리 달래도 계속 울 때만 젖을 물려주세요

신생아 때는 배가 워낙 작아 한꺼번에 많은 양을 먹을 수가 없어요. 그래서 조금씩 자주 먹을 수밖에 없죠. 이때는 엄마 젖을 자주 물려도 괜찮아요.

하지만 내가 어느 정도 자라면 조심해 주셔야 해요. 6개월쯤 지나면 엄마 젖만으로는 배가 고플 때가 많아요. 아직 배가 차지 않았는데, 엄마 젖이 부족해서 빨아도 젖이 나오지 않을 때는 너무 슬프고 화가 마구 나기도 해요.

양도 양이지만 엄마 젖으로는 내가 자라는 데 필요한 영양을 충분히 섭취하지 못하는 것 같아요. 영양도 보충해 줄 이유식이 필요해요. 이유식을 먹어야 한다는 건 알겠는데 엄마 젖이 더 좋으니 어떻게 하면 좋죠?

내가 엄마 젖에 집착하는 데는 엄마 책임도 커요. 배가 고플 때만이 아니라 울 때도 달래느라고 젖부터 물리셨잖아요. 이제부터라도 운다고 무조건 젖부터 물리지 말아주세요. 안아도 주고, 장난감으로 놀아도 주고, 나를 데리고 바깥으로 나가거나 외출을 하는 등 다른 방법으로 먼저 달래주세요.

여러 가지 방법으로 달래다 보면 젖을 물리지 않아도 울음을 그칠 수 있을 거예요. 할 수 있는 모든 방법으로 달랬는데도 계속 울면 그때 젖을 물려주세요. 그래야 나도 엄마 젖에 덜 의존하고 이유식도 잘 먹을 수 있을 것 같아요.

밤에 젖을 물리는 습관은 좋지 않아요

엄마, 처음 세상에 나왔을 때는 모든 게 낯설고 불안해서 밤에 잠도 잘 못 잤어요. 배가 고파 깰 때도 있었고요. 밤에 깨서 울 때마다 엄마가 젖을 물려주었지요. 6개월 이상 자다 말고 엄마 젖을 먹었더니 아예 버릇이 되었나 봐요. 이젠 세상에 꽤 익숙해지고 배도 안 고픈데도 자다 보면 엄마 젖이 생각 나 잠이 깨서 울고 말아요.

처음에는 힘들 거예요. 어른들도 습관을 고치기가 힘든데 어린 내가 밤에 젖을 찾는 버릇을 고치기란 정말 어려운 일이에요. 어쩌면 매일 밤 더 악을 쓰고 울 수도 있어요. 엄마는 그런 나를 보면서 차라리 젖을 물리는 게 낫겠다고 생각할 수도 있을 거예요.

하지만 밤마다 자다 깨서 우는 버릇을 고치려면 밤에는 젖을 주지 말아야 해요. 다른 방법으로 달래주면 점차 자다가 젖을 찾는 일이 줄고, 자다 깨서 우는 버릇도 고칠 수 있을 거예요.

이유식은 생후 6개월 정도부터 시작하세요

보통 이유식은 생후 6개월 정도부터 시작하는 것이 좋습니다. 조금 빠르면 생후 4개월부터 시작하기도 하지요. 그것보다 빠르면 좋지 않습니다. 생후 4개월 이전에는 아직 면역력과 소화기관이 약하기 때문에 탈이 나기 쉽고, 식품 알레르기가 발생할 가능성도 큽니다.

이유식은 쌀로 만든 미음처럼 먹기 편하고 소화가 잘 되는 음식부터 시작하는 것이 좋아요. 미음을 먹일 때는 다른 조미료는 일체 첨가하지 않아야 안전합니다. 예전에는 과즙을 먼저 먹이기도 했는데, 과즙은 쌀 미음에 익숙해진 뒤에 먹이는 게 좋습니다. 과일의 단맛을 먼저 맛보면 미음의 맛을 싫어할 수도 있거든요.

2~3주 쌀 미음에 익숙해지면 차츰 미음의 농도를 걸쭉하게 하고, 살살 담백한 채소부터 섞어주세요. 여러 가지 채소를 한꺼번에 먹이지 말고 한 가지씩 섞어 먹이는 것이 좋습니다. 그래야 알레르기 반응이 나타나도 어떤 채소 때문인지 쉽게 알 수 있답니다.

밥은 싫어요,
계속 우유만 먹을래요

에이, 또 밥이에요?
밥…… 싫어요, 싫어!
난 아직 밥은 먹고 싶지 않아요.
그냥 우유 먹으면
안 되나요?

오늘의
추천메뉴는…

항상 먹던 걸로
주세요!

오늘의 특선
"밥"

이제 돌이 지났어요. 조금씩 나는 어른들이 먹는 음식을 먹을 줄 알아요. 엄마는 나를 위해 매일 맛있는 것들을 만들어주세요. 어떤 음식은 맛이 있지만 대부분은 별로 맛이 없어요. 아직도 나는 밥보다는 엄마 젖이나 우유를 먹는 게 훨씬 더 좋아요.

솔직히 밥 먹는 건 좀 귀찮아요. 엄마 젖이나 우유는 그냥 쭉쭉 빨면 꿀떡꿀떡 넘어가는데, 밥은 여러 번 씹어 삼켜야 하잖아요. 빨리 먹고 놀아야 하는데, 엄마는 자꾸 밥을 먹어야 한다며 입에 넣어주세요. 그래서 밥이 더 싫어졌어요.

우유를 먹어도 배가 부른데 꼭 밥을 먹어야 하나요? 우유에는 영양이 아주 많다면서요. 그런데 왜 우유만 먹으면 안 된다고 하는 거죠? 밥은 귀찮단 말이에요!

즐겁게 밥을 먹을 수 있도록 해주세요

이유식을 하면서 엄마 젖이나 우유 외에 다른 음식을 많이 먹어 보긴 했어요. 그렇지만 난 아직 잘 씹지를 못해요. 지금까지는 씹지 않고도 넘길 수 있는 이유식을 주로 먹었잖아요. 이가 났다고 바로 잘 씹을 수 있는 것은 아니에요. 엄마, 내가 아기라는 것을 잊지 말아 주세요. 씹는 연습이 필요하다고요.

그런데 엄마는 뭐가 그리 급한지 내가 음식을 다 씹지도 못했는데 또 입에다 음식을 넣어주시네요. 그러니까 또 빨리 삼켜야 하고…….

어휴, 너무 힘이 들어요.

원래 이렇게 바쁘게 밥을 먹어야 하는 건가요? 빨리 빨리 음식을 씹는 게 힘드니까 밥 먹는 시간이 그리 즐겁지가 않아요. 가끔 엄마가 밥을 늦게 먹는다고 혼을 내면 밥 먹는 게 더 싫어져요. 그래서 입을 꾹 다물기도 한답니다.

엄마, 밥을 먹어야 한다고만 말하지 말고 즐겁게 밥을 먹을 수 있도록 도와주세요. 음식의 다양한 맛을 충분히 느낄 수 있도록 여유를 주세요. 단순히 배를 채우기 위해 밥을 먹는 것이 아니라, 밥을 먹으면서 천천히 음식의 다양한 맛을 경험할 수 있다는 것을 알게 해주세요. 그래야 좋은 식습관을 들일 수 있답니다.

그리고 충분히 씹을 수 있도록 시간을 주세요. 난 어른이 아니잖아요! 처음에는 씹는 것이 익숙하지 않아 씹는 데 시간이 걸리겠지만, 익숙해지면 점점 빨리 씹을 수 있을 거예요.

엄마가 자꾸 빨리 씹으라고 재촉하니까 대충 씹어 넘기느라 힘들고, 음식 맛도 잘 모르겠어요. 그래서 밥 먹는 시간이 괴로운 거예요. 엄마도 힘들고요.

🦍 우유병을 끊게 도와주세요

엄마는 밥을 많이 먹어야 튼튼하게 쑥쑥 잘 자란다고 하셨어요. 지금까지는 우유가 주식이었지만 이제부터는 컸으니까 밥을 주로 먹어야 한대요. 우유만으로는 필요한 영양을 충분히 섭취할 수 없다나요.

하지만 난 아직 우유가 더 좋아요. 그래서 우유를 먹을 때 한꺼번에 많이 먹기도 한답니다.

가끔 엄마가 밥 먹어야 한다며 우유를 안 주시려고 하면 마구 떼를 쓰곤 해요. 히힛! 엄마는 떼쟁이인 나를 절대 이기지 못하죠. 내가 밥을 안 먹고 우유를 달라고 떼를 쓰거나 엉엉 울면 "어휴, 이러면 안 되는데……. 그래, 아무것도 안 먹는 것보다는 우유라도 먹는 게 낫지."라고 말하며 우유를 주세요.

내가 우유를 좋아하는 데는 우유병을 빨 수 있다는 이유도 있어요. 우유병은 오래 빨아 아주 익숙하고 빠는 재미도 있답니다. 우유병에 관한 한 나는 선수예요. 우유병으로 우유를 먹으면 빨리, 많이 먹을 수 있어요. 우유만 먹어도 충분히 배가 부르답니다. 그러니 밥 생각이 어디 나겠어요?

우유병이 아닌 컵에 든 우유를 마시기는 좀 어려워요. 한꺼번에 우유가 벌컥벌컥 목으로 넘어오는 것 같아요. 빨대가 달린 컵은 그래도 괜찮은데, 역시 우유병보다 못해요. 그래서 컵이나 빨대가 달린 컵으로 우유를 먹을 때는 덜 먹게 되는 것 같아요.

나도 싫고 엄마도 싫겠지만 우유병을 끊을 수 있도록 도와주세요. 서두르지 말고 천천히 말예요. 그래야 우유도 덜 먹고, 자연스럽게 밥도 맛있게 먹을 수 있을 것 같아요.

돌이 지나면 분유보다는 생우유가 좋아요

돌이 지나면 우유병을 끊는 것이 좋아요. 우유병을 빠는 아기들은 대체로 우유를 많이 먹고, 밥을 안 먹으려고 하는 경향이 있지요. 물론 우유를 먹이지 말라는 얘기는 아니에요. 그렇지만 밥을 주식으로 먹어야 하니 우유를 500~700cc 정도만 먹이는 것이 좋습니다.

우유는 분유보다는 생우유가 좋아요. 생우유보다 분유에 영양이 더 많으니 분유를 먹이는 게 더 좋다고 생각하는 엄마들도 있습니다. 그러나 돌이 지난 아기는 우유보다는 밥을 먹어 필요한 영양을 보충해야 하고, 엄마 젖이나 분유는 이제 간식으로 생각하고 먹여야 합니다. 엄마 젖이나 분유로 필요한 영양을 보충하는 것은 바람직하지 않습니다.

이유식을 잘해 왔던 아기라면 분유보다는 신선한 생우유를 먹이는 게 좋아요. 우유를 먹기 힘들어 한다면 우유에 딸기나 바나나 같은 과일을 갈아서 섞어주셔도 좋습니다. 다만 혹시 아기가 장이 좋지 않아 생우유를 소화시키지 못한다면 분유를 더 먹일 수는 있답니다.

간식도 아무 때나
아무거나 주지 마세요

히히, 이렇게 사람들
많을 때 울어야 해요. 드디어
엄마가 간식을 꺼내시네요.
앙앙~ 엄마~ 앙앙! 그래요,
얼른 간식 주세요.

214

난생 처음 과자를 먹어 보았어요. 세상에, 이렇게 맛있는 건 처음이에요. 고소하면서도 달달한 맛이 나고, 입에 넣으면 저절로 살살 녹아요. 과자를 먹으면 그토록 좋아했던 우유 생각도 잊게 돼요.

그런데 왜 엄마는 이렇게 맛있는 과자를 많이 먹지 못하게 하는 거예요? 난 자꾸 자꾸 먹고 싶은데, 엄마는 감질나게 몇 번씩 떼를 쓰고 칭얼거려야만 과자를 주셔서 속상해요. 차라리 처음부터 간식의 맛을 보지 못했다면 모를까, 알면서도 마음껏 먹을 수 없으니 자꾸 짜증 나고 화가 나요.

운다고 간식을 주지 마세요

간식을 자주 먹을 수 있는 방법을 드디어 알았어요. 보통 때 엄마는 아침과 점심 사이에 한 번, 점심과 저녁 사이에 한 번 간식을 주세요. 집에 있을 때 간식이 먹고 싶어 "까까, 까까~"노래를 불러도 정해진 시간이 아니면 주지를 않으셨죠.

그런데 외출할 때는 달랐어요. 지하철을 타고 외할머니 댁에 가는데, 지하철 공기도 탁하고 사람들도 너무 많아 불편하고 짜증이 났어요. 그래서 큰 소리로 울었죠. 아, 그랬더니 엄마가 가방에서 내가 좋아하는 과자를 꺼내 얼른 입에 넣어주지 뭐예요? 어찌나 맛이 있던지 기분이 금방 좋아졌어요.

몇 번 그런 일이 반복되고 나서 난 알았답니다. 내가 큰 소리로 울면 엄마가 간식을 준다는 것을요. 특히 바깥에 나갔을 때나 손님이 와 계실 때에도 말이죠. 좀 더 빨리 알았으면 좋았을 텐데……. 울기만 하면 엄마가 간식을 준다는 것을 알았다면, 그동안 과자를 먹고 싶은데 먹지 못하는 일은 없었을 거잖아요.

울면 간식을 먹을 수 있다는 걸 안 다음부터는 집에 있을 때도 간식이 먹고 싶으면 일단 울고 봅니다. 예전에는 "이따 저녁 먹어야 하니까 딱 한 개만 먹자."라고 엄마가 말하면 아쉬워도 꾹 참았는데, 이젠 절대 안 그래요. 울면 엄마가 간식을 준다는 걸 아는데 그럴 필요가 없잖아요.

이런 나를 너무 나쁜 아기라 생각하지 마세요. 내 잘못만은 아니랍니다. 외출했을 때 내가 울면 엄마가 과자를 줄 수밖에 없다는 건 알아요. 다른 사람들도 많은데 내가 계속 큰 소리로 울면 사람들이 싫어하니까요.

그렇지만 엄마, 집에서는 운다고 과자를 주면 안 돼요. 나쁜 습관이 들거든요. 때와 장소를 가려 과자를 주세요.

🐨 정해진 시간에만 간식을 주세요

이가 난 지 얼마 되지도 않았는데 의사 선생님이 이가 썩었대요. 이를 어쩌면 좋아요? 먹고 싶은 간식을 마음껏 먹는 게 소원이었는데, 울기만 하면 간식 준다는 것을 알고 난 다음부터는 원 없이 간식을 먹었어요. 간식 줄 때까지 울기만 하면 됐거든요. 엄마는 할 수 없이 간식을 주셨고요.

생각해 보니 밥보다 간식을 더 많이 먹은 것 같아요. 고구마나 과일, 치즈처럼 몸에 좋은 음식도 간식으로 먹었지만, 그보다는 사탕, 초콜릿, 과자를 더 많이 먹었어요. 왜냐고요? 그거야 당연히 단맛이 강한 간식이 더 맛있으니까 엄마에게 마구 떼를 쓴 거죠.

양으로만 보면 그렇게 많이 먹은 것도 아니에요. 자주 먹었을 뿐이죠. 조금씩 자주 먹다 보니 늘 입에 사탕이 들어 있든, 과자가 들어 있든 간식이 들어 있긴 했어요. 의사 선생님은 그렇게 늘 간식을 입에 물고 있어 내 이가 썩은 거라고 했어요.

맛있는 간식이 내 이를 썩게 할 줄은 정말 몰랐어요. 그렇다고 간식을 아예 먹지 않을 수는 없잖아요. 그렇다면 내가 아무리 떼를 쓰고 울어도 시도 때도 없이 먹지 않도록 정해진 시간에만 간식을 주시는 건 어때요? 그러면 난 떼를 써도 안 된다는 것을 알고 엄마한테 칭얼거리지도 않고 하루에 한두 번만 간식을 먹을 거예요. 그리고 간식을 먹은 후에는 항상 입안을 헹구는 습관을 들인다면 충치 예방에 도움이 될 거예요. 엄마가 헹굴 수 있도록 도와주세요.

🐋 간식은 꼭 가려서 주세요

돌이 지나고 나서부터 엄마가 주는 간식의 종류가 다양해졌어요. 예전에는 과일이나 고구마, 채소 같은 간식이 대부분이었는데 이제는 과자도 있고 아주 가끔이지만 사탕과 초콜릿도 먹게 돼요. 다양하게 먹으니까 참 좋아요. 하지만 너무 다양한 것을 주셔서 그만 간식의 매력에 홀딱 빠지게 되었답니다.

그래서 예전에는 한두 입 먹으면 그다지 더 먹고 싶지 않았는데 요즘은 내가 배가 부르다는 것을 모르고 자꾸 먹게 돼요. 그 달콤한 맛이 내 손과 입을 가만히 놔두질 않아요. 자꾸 먹게 되니까 엄마가 못 먹게 하고, 그러니까 더 먹고 싶어지곤 한답니다. 엄마가 간식을 못 먹게 숨겨도 어떻게든 찾아서 먹고 싶어요.

엄마, 난 아직 아기예요. 그래서 먹는 것도 조절하기 힘들어요. 맛있는 것에는 더욱 그래요. 특히 단맛, 짠맛에 강하게 끌리곤 해요. 소화기관도 어른처럼 발달하지 못해서 배탈도 자주 난답니다. 그러니 간식을 고르실 때 신경을 많이 써서 주세요.

많이 먹은 것도 아닌데 달콤한 간식이나 짭짤한 과자들을 먹은 날엔 밥이 별로 먹고 싶지 않을 때가 있어요. 그다지 배가 부른 것 같지 않은데도 말이에요. 며칠 전에는 엄마가 내 몫으로 준 요구르트 말고 아빠 것까지 먹었더니 그날 밤에 배가 아프고 힘들었어요. 그리고 지난번에 아빠랑 놀러나가서 간식을 사먹었는데 그 다음 날 온몸이 가려워서 죽는 줄 알았어요.

내가 아기라서 그런 거겠죠? 내가 크면 아무 거나 먹어도 아프지 않을까요? 빨리 커서 맛있는 걸로 아무 거나 먹을 수 있었으면 좋겠어요. 그 전까지는 엄마가 음식에 대해 신경을 좀 써주세요.

껌, 사탕, 초콜릿, 견과류는 피해 주세요

돌이 지나면 아기가 먹을 수 있는 음식이 한층 다채로워집니다. 그렇지만 사탕과 초콜릿처럼 단 음식은 피하는 것이 좋아요. 단맛을 좋아하게 되면 이유식을 잘 먹지 않을 수도 있거든요. 이유식을 끊고 어른들과 함께 밥상에서 자유롭게 밥을 먹을 수 있을 때까지는 가능한 한 주지 마세요.

껌도 좋지 않습니다. 아기는 껌을 씹지 못하고 자꾸 삼키려고 듭니다. 건강에도 좋지 않으니 주지 마세요.

땅콩, 호두, 잣과 같은 견과류도 더 클 때까지 피해야 합니다. 딱딱한 견과류를 먹다 사래가 들어 호흡기로 들어가면 아주 위험하거든요. 견과류 중에서도 땅콩은 특히 더 조심해야 합니다.

그리고 알레르기를 유발하는 물질이 들어 있는 음식들이 있습니다. 초콜릿과 땅콩이 그래요. 두세 돌이 지날 때까지는 음식은 늘 조심하는 것이 좋습니다.

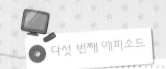

의자는 싫어요,
엄마 무릎에 앉아 먹을래요

엄마, 저 의자는 지금
싫어요……. 이유식 먹는 것도
새로운 도전인데, 엄마 무릎 말고
낯선 의자에 앉아
먹으라고요?

220

어느 날 일어나 보니 작고 예쁘게 생긴 의자가 방 한쪽에 있었어요. 그냥 의자가 아니라 작은 테이블이 달린 의자였어요. 내가 쓸 의자래요. 앞으로 거기에 앉아 이유식을 먹게 될 거래요.

의자는 마음에 들어요. 색깔도 예쁘고, 나한테 꼭 맞아요. 그런데 잠깐 의자에 앉아 노는 건 좋은데, 의자에 오래 앉아 있으면 얼마나 불편하다고요. 꼭 이런 데 앉아서 이유식을 먹어야 하는 건가요? 이유식을 먹을 때마다 자꾸 나를 의자에 앉히면 예쁜 의자가 점점 더 미워질 것 같아요.

처음 이유식을 할 때는 의자보다 엄마 무릎이 좋아요

이유식을 누워서 먹을 수 없다는 건 알아요. 이제 혼자 앉아 있을 수도 있지만 여전히 오래 앉아 있는 건 불안해요. 의자 등받이가 나를 안전하게 받쳐준다 해도 의자는 왠지 낯설어요.

엄마 무릎에 앉아 이유식을 먹으면 안 되나요? 이유식을 먹는 건 나에겐 새로운 도전이나 마찬가지예요. 익숙한 우유나 모유와는 다른 맛을 경험한다는 것은 기대가 되면서도 불안한 일이에요. 엄마 무릎에 앉아 이유식을 먹으면 마음이 안정이 돼 새로운 맛을 좀 더 편안하게 즐길 수 있을 것 같아요.

처음 이유식을 시작해 어느 정도 익숙해질 때까지만이라도 날 억지로 의자에 앉히지 마세요. 부드러운 엄마 무릎을 빌려주세요. 한쪽 무릎에 나를 앉혀서 한 손으로는 나를 안아주고, 다른 한 손으로 이유식을 먹여주세요. 그래야 잘 먹을 것 같아요.

그리고 엄마가 사오신 테이블 달린 의자는 내 옆에 놔주세요. 언제라도 내가 엄마 무릎보다 의자가 더 좋아질 때 앉을 수 있게요. 아마 곧 의자가 좋아지게 될 거예요.

내가 좋아하는 장난감을 의자에 달아주세요

엄마는 이유식을 먹을 때 내가 먹는 데만 집중하지 않고 장난감 같은 것을 만지작거리면 좀 짜증을 내는 것 같아요. 그래도 난 놀면서 먹는 게 좋은데……. 아기들은 보통 그래요.

그러니 즐겁게 이유식을 먹을 수 있게 도와주세요. 의자에 가만히 앉아 아무것도 못하면서 엄마가 주는 이유식만 계속 받아먹는 건 너무너무 지루하고 재미없어요. 재미가 없으니 이유식이 맛있는 줄도 잘 모르겠고요.

의자에 앉아 이유식을 먹을 때는 재미있는 놀 거리를 만들어주세요. 의자에 내가 좋아하는 장난감을 달아놓아도 좋고, 엄마와 함께 인형 놀이를 하면서 먹는 것도 좋아요. 그렇게 놀면서 이유식을 먹으면 이유식 먹는 게 아주 재미있는 놀이 같을 거예요. 난 뭐든지 놀이가 좋아요. 엄마, 아직은 내가 먹는 것에만 온전히 신경 쓸 만큼 자라지는 못했다는 것을 알아주세요. 엄마가 조금만 초조해하지 않고 기다려 주시면, 서투르고 낯선 것에 곧 익숙해질 거예요.

아기를 의자에 앉히는 것도 기술이 필요해요

이유식을 먹을 때 의자에 앉아 있기 싫어서 우는 아기가 생각보다 많아요. 엄마 입장에서는 '조용히 앉아서 빨리 먹었으면…….' 하는 마음이 크겠지만, 이런 마음으로 엄마가 초조해하면 아기도 짜증을 내기 쉽답니다.

식사 시간의 가장 큰 목적은 어디까지나 '잘 먹는 것'이므로 꼭 의자에 앉아서 먹어야 한다는 엄마의 고집을 버리세요. 아기를 억지로 계속 식탁 앞에 앉히면 아기는 밥 먹는 것 자체를 싫어할 수도 있습니다.

아기가 의자를 싫어하면 엄마가 아기를 안고 무릎에 앉혀서 먹여주세요. 그러다 아기의 기분이 점점 좋아졌을 때 '가만히 앉아주면 좋겠다.'라는 정도의 가벼운 마음으로 다시 의자에 앉히는 것을 시도해 보세요. 기대한 대로 얌전히 앉아 있어주면 고마운 일이고, 싫은 기색을 보이면 미련 두지 말고 바로 의자에서 내려 무릎에 앉혀주세요.

내가 밥을 안 먹는
이유를 알아주세요

우엑! 엄마 요리는 꽝이에요.
엄마도 한번 먹어봐요.
이렇게 밍밍하고 맛없는 걸
왜 나한테만 주는 거예요?

엄마는 내가 밥을 잘 안 먹는다고 많이 속상
해해요. 나도 밥 먹을 때마다 엄마랑 신경전을 벌이느
라 힘들어요. 제일 속상한 건 엄마는 내가 아무 이유도 없
이 밥을 먹지 않는다고 생각하는 거예요. 그렇지 않아요. 내가 괜히
엄마 속상하라고 밥을 먹지 않는 게 아니에요.

먹지 않는 건 나에게도 다 이유가 있기 때문이에요. 어떤 때는 먹
고 싶어도 음식이 잘 넘어가지 않기도 하고, 또 어떤 때는 엄마가 준
음식이 맛이 없어 먹기가 싫을 때도 있답니다. 또 배가 부른데 엄마가
억지로 먹이려 해서 먹지 않을 때도 있어요. 엄마, 내가 밥을 먹지 않
는다고 속상해하지 말고 먼저 왜 그런지 이유를 찾아봐 주세요.

나에게 맞는 이유식을 주세요

엄마는 어떤 때는 나를 아주 작은 아기처럼 대하다가도 가끔은 다
큰 언니처럼 생각할 때가 있는 것 같아요. 분명 나를 위해 만든 이유
식이라고 했는데, 도무지 먹을 수가 없었어요. 이유식에 덩어리도 많
고, 너무 걸쭉해서 잘 넘어가지 않았거든요. 그동안은 주로 부드럽고
술술 잘 넘어가는 이유식을 먹다가 이런 이유식을 먹으려니 무척 당
황스러웠답니다.

아! 부드러운 이유식에 어느 정도 적응했으니 조금 농도를 진하게
해도 내가 잘 먹을 줄 알았다고요? 미안해요, 엄마. 아직 내가 걸쭉한
이유식을 먹을 수 있을 만큼은 자라지 못했나 봐요. 내 성장 속도를

생각해서 내가 먹을 수 있는 재료로 먹기 편하게 만들어주세요. 그래야 잘 먹을 거예요.

맛없는 음식은 나도 먹기 싫어요

엄마는 내가 건강하게 무럭무럭 자랄 수 있도록 음식을 할 때도 신경을 많이 쓰신다는 것 잘 알고 있어요. 몸에 좋지 않은 조미료는 일체 사용하지 않죠. 고마워요, 엄마.

하지만 엄마! 아무 맛도 없는 밍밍한 음식을 먹기는 너무 싫어요. 아무것도 첨가하지 않고 재료 자체의 맛을 낸 음식이 건강에 좋다는 건 알겠지만 맛이 너무 없어요.

나는 단맛을 좋아해요. 이미 젖이나 우유에 들어 있는 단맛에 익숙해져 있단 말이에요. 단맛 나는 맛있는 음식을 먹고 싶어요. 꼭 설탕이 들어가지 않아도 음식 자체에 단맛이 많은 것들이 있잖아요. 그런 재료들을 이용하면 건강에도 좋고, 내가 맛있게 먹을 수 있는 음식을 만들 수 있지 않을까요?

단맛은 좋아하지만 쓴맛과 신맛은 정말 싫어요. 가끔 늘 먹던 채소와 과일이었는데 이상하게 쓰거나 신맛이 날 때가 있어요. 왜 그런지는 잘 모르겠어요. 분명 단맛이 나는 과일이어서 안심하고 먹었는데 쓰거나 신맛이 나니까 바로 밥맛이 뚝 떨어졌어요. 그러니까 엄마가 꼭 먼저 맛을 보고 나에게 먹여주세요.

　내가 밥을 먹지 않는 게 그렇게 큰일인가요? 다 이유가 있어서 먹지 않는 것인데, 엄마는 내가 밥을 먹지 않으면 마치 큰일이라도 난 것처럼 어떻게 해서든 밥을 먹이려고 해요. 밥 먹기가 싫어 놀이방으로 도망가면 숟가락을 들고 놀이방으로 쫓아오고, 엄마를 피해 거실로 나가면 또 따라와서 어떻게든 먹이려고 하죠. 도대체 싫다는데 왜 강요하시는 건가요?

　엄마가 내 건강을 걱정해서 그런다는 건 알겠는데, 왜 나는 엄마가 쫓아다니며 먹이려고 하면 할수록 더 먹기가 싫어질까요? 그러니까 제발 억지로 먹이지 마세요. 그냥 지금은 먹기가 싫어서 그런가 보다 생각하고 밥상을 싹 치워주시면 안 될까요?

　엄마가 나보고 청개구리라고 해도 할 수 없어요. 나도 모르게 엄마가 하지 말라고 하는 건 더 하고 싶고, 쫓아다니며 하라고 하는 건 더 하기 싫거든요.

　내가 얼마만큼 먹어야 하는지, 그만 먹어야 하는지는 내가 결정할 수 있어요. 나도 내 몸에 대해서는 누구보다 잘 안다고요. 배가 고프면 내가 알아서 엄마에게 밥 달라고 할 거예요. 그렇게 배가 고프지 않을 때에는 굳이 당장 먹지 않아도 될 것 같아요. 규칙적인 식사를 해야 한다고 배가 고프지도 않은데 억지로 먹으면 오히려 건강에 더 해로울 수 있답니다.

　엄마, 내가 잘 먹지 않을 때는 재료에 변화를 주는 건 어때요? 아,

227

그리고 어저께 엄마가 밥알이 붙어 있는 밥주걱을 주었잖아요. 거인 숟가락처럼 커다란 주걱에 붙어 있는 밥알을 먹는데 정말 재미있었어요. 하나 둘 먹다 보니 어느새 밥주걱이 깨끗해진걸요.

이렇게 재미있게 변화를 주면서 노력하다 보면 나도 엄마 아빠처럼 밥을 맛있게 먹을 수 있는 날이 올 것만 같아요. 그러니 엄마, 걱정 말고 나만의 방식을 존중해 주세요.

육아솔루션

억지로 밥을 먹이지 마세요

아기 성장 속도에 딱 맞는 음식을 맛있게 만들어 먹이는데도 아기가 밥을 먹지 않으려고 칭얼거린다면 아기가 배가 고프지 않은 것일 수도 있어요. 어른들도 배고플 때 먹는 밥은 설령 맛이 좀 없어도 꿀맛이지만 배가 부를 때는 산해진미도 입에 당기지 않습니다.

아기들도 마찬가지랍니다. 배가 고프지 않은데 억지로 먹이려고 들면 먹기 싫어 칭얼거리거나 울 수 있어요. 몇 시간 전에 식사했는지, 젖이나 우유의 양은 적당한지, 아기가 활발하게 움직였는지 등을 점검해 보세요. 규칙적인 생활 패턴을 정해서 같은 시간에 먹이는 것도 중요합니다.

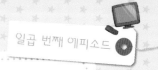

내 숟가락으로
혼자 먹어 볼래요

쩝쩝! 야호, 드디어 나 혼자
할 수 있는 일이 생겼어요.
숟가락질이 너무 재미있답니다.
엄마, 나 정말 대견하죠?

돌이 지나고 걸음마를 시작하자 뭐든 혼자서 할 수 있을 것 같은 자신감이 생겼어요. 밥도 이제 혼자 먹어 보고 싶어요. 그동안은 내가 너무 어려서 엄마가 먹여주었지만 이젠 나도 많이 컸잖아요. 나 혼자 먹고 싶어요. 그렇게 해주세요. 네? 숟가락과 아기 포크를 놓치지 않고 잡을 수 있을 만큼 손 힘도 세졌잖아요.

그런데 왜 엄마는 자꾸 먹여주려고 하는 건가요? 나를 못 믿어서 그런 건가요? 나에게 내 숟가락과 아기 포크를 주세요. 내가 먹어 볼래요. 참 재미있을 것 같아요.

🐨 밥을 흘리면서 먹어도 혼자 하게 놔두세요

내 숟가락을 처음으로 집어 봤어요. 신기해요. 그렇게 어렵지는 않았어요. 길쭉한 부분을 잡으면 되는걸요. 그럼 이제 밥을 떠 볼까요? 엄마가 했던 것처럼 일단 숟가락을 밥에 꽂고, 영차 들어올렸어요. 성공이에요. 숟가락 위에 밥이 올라와 있어요. 이젠 내 입으로 넣어 볼거예요. 입을 벌리고 숟가락을 입으로 가져가는데 이걸 어쩌죠? 뭐가 잘못되었는지 밥이 입으로 오는 동안 숟가락에서 다 떨어져 나갔지 뭐예요.

두 번, 세 번 해봐도 잘 안 되네요. 입에 들어가는 밥보다 바닥에 흘리는 밥이 더 많은 것 같아요. 자꾸 흘리니까 어쩐지 엄마는 귀찮아 하시는 표정이에요. 바닥에 흘린 밥풀 줍느라 내 옷과 얼굴에 붙어 있는 밥풀 떼어주느라 바쁜 것 같기도 하고…….

엄마가 치우셔야 하는 게 귀찮고 힘들겠지만 나를 이해해 주세요. 내가 태어나서 생전 처음 해보는 거잖아요. 그러니까 연습이 필요한 거죠. 처음부터 잘할 수는 없잖아요.

그리고 엄마, 나는 아직 식사 예절을 배울 준비가 안 되어 있어요. 종종 음식을 주물럭거리기도 하는 건 음식에 대한 호기심을 억누르지 못해 만져 보고 싶은 거예요. 나는 궁금한 것은 뭐든지 만져 봐야 직성이 풀려요. 그렇게 호기심을 충족시키는 동안 창의적인 아이가 되어간다고 생각하면 엄마 마음이 좀 편할 거예요.

그렇지만 숟가락질은 너무 재미있어요. 밥상을 엉망으로 만들어 엄마가 조금은 힘드셔도 계속 혼자 밥을 먹을 수 있도록 도와주세요. 잘할 자신 있다니까요!

🐋 혼자 숟가락질할 때 칭찬받는 게 좋아요

숟가락질은 내 호기심을 자극하는 재미있는 놀이이기도 하지만 힘들기도 해요. 잘하지 못해 밥을 흘리면 엄마에게 혼이 날까 겁이 나기도 하고요.

난 내가 숟가락질을 잘 못해도 엄마의 칭찬을 받고 싶어요. 숟가락질이 잘 안 되면 나도 스트레스를 받아요. 마음 같아서는 금방 배워 어른들처럼 척척 멋있게 혼자 밥을 먹을 수 있을 것 같은데, 잘 안 되면 괜히 화가 나요. 그때 엄마가 야단을 치거나 숟가락을 뺏기라도 하면 자신감이 확 떨어지고요. 다시 숟가락질을 할 용기가 나지 않을 때도 있어요. 그러니까 숟가락질을 잘 못해도 잘한다고 마구 칭찬해 주세요. 그러면 용기를 얻어 정말 잘하게 될 거예요.

처음부터 잘하는 아기는 없어요. 제 기를 죽이지 마세요. 서툴러도 자꾸 연습하다 보면 언젠가는 분명 잘하게 될 거예요.

숟가락질 때문에 밥 먹는 것이 재미있어요

처음 혼자 밥을 먹으려고 숟가락을 들고 움직였을 때 정말 잘 되지가 않았어요. 엄마 아빠가 하는 숟가락질은 정말 쉬워 보였는데 말예요. 막상 하니까 제대로 안 되더라고요. 그래서 여기 저기 막 흘리게 되고, 마음대로 되지 않으니까 그냥 손으로 마구 집어 먹게 되고 그랬어요. 얼굴에 밥알도 덕지덕지 붙여가면서요.

처음에는 힘들었는데요, 계속 숟가락을 사용하다 보니 이제는 어떻게 해야 입으로 잘 들어갈 수 있는지를 알게 됐어요. 여전히 밥을 흘리지만, 밥 흘리는 것이 조금씩 줄어갈수록 밥 먹는 게 스스로 대견해졌어요. 그러면서 밥 먹는 시간이 기다려지는 거예요. 오늘은 얼마나 잘 먹을 수 있는지 말이죠. 히히!

엄마, 오늘은 어떤 음식을 주실 건가요? 밥 말고 다른 음식도 주세요. 이제는 조금 어려운 음식에 도전해 볼래요. 내가 멋지게 숟가락으로 음식을 떠올리는 것을 지켜봐 주세요.

육아솔루션

혼자 숟가락질 하려는 때를 놓쳐서는 안 돼요

아기들은 보통 12~16개월 사이에 제 손으로 먹고 싶어 합니다. 아기가 혼자 먹고 싶어 한다는 것은 자발성을 키우려는 시도예요. 아기가 부모에게 의존하지 않고 자발적이고 독립적인 아이로 성장하기를 바란다면 혼자 먹고 싶어 할 때 충분히 지지해 주어야 합니다. 아기가 숟가락질이 서툴러 음식을 여기저기 흘리는 게 싫어 혹은 잘 먹지 못하는 아기가 안타까워 못하게 하면 안 됩니다.

이 시기에 스스로 먹을 수 있는 기회를 주지 않으면 아기는 숟가락질에 흥미를 잃어버리게 돼요. 그렇게 24개월이 지나면 더 이상 제 손으로 먹는 게 신기하지 않아 혼자 먹으려 하지 않고 오히려 엄마가 먹여주기를 바라게 되지요.

엄마가 해야 할 역할은 아기가 숟가락질을 못하게 하는 것이 아니라 안전하게 마음껏 숟가락질을 할 수 있는 환경을 만들어주는 거예요. 지저분해지는 게 싫다면 바닥에 종이를 깔고 마구 흘리면서 먹게 해주는 것도 좋은 방법이랍니다.

Part

07

점점 궁금한 게
많아져요

1. 바깥 세상에는 무엇이 있을까 궁금해요

2. 냉장고든 서랍이든 몽땅 열어보고 싶어요

3. 산만한 게 아니라 호기심이 많은 거예요

4. 고추를 자꾸 주물럭거리고 싶어요

5. 멀리 떠나는 여행은 좋으면서도 힘들어요

6. 치카치카, 엄마처럼 칫솔질 해보고 싶어요

바깥 세상에는
무엇이 있을까 궁금해요

어휴, 답답해요.
엄마! 나 꼭 동물원 원숭이 같아요.
나 좀 데리고 나가 주세요.
하늘, 구름, 집, 자동차, 놀이터……
밖으로 나가 가까이서 모든 걸
보고 싶단 말예요!

엄마, 우리 밖으로 나가요. 네, 네? 밖에 한번 나가 보니 자꾸 밖으로 나가고 싶어요. 어쩜 바깥 세상은 이렇게 신기한 것들이 많죠? 온통 집안에서는 볼 수 없었던 것 천지예요. 길가에 나 있는 예쁜 꽃들과 초록색 풀잎도 신기하고, 그림책에서만 보던 자동차들이 쌩쌩 지나가는 것도 너무 재미있어요.

한번 바깥 세상에 재미를 붙이니 집안에서 노는 게 시시해졌어요. 좁아서 답답하기도 하고요. 나는 밖에서 노는 게 재미있기만 한데, 엄마는 재미없나요? 밖으로 나가고 싶은데, 엄마가 못 나가게 하면 정말 속상해요.

위험해도 밖에서 노는 게 좋아요

혼자 걷지 못할 때는 엄마가 나를 유모차에 태우거나 업고 밖에 나갔어요. 그때도 참 좋았어요. 시원한 바람도 쐬고, 햇볕도 쬐면서 이것저것 새로운 것을 보는 게 즐거웠으니까요. 눈에 보이는 것만 새로운 게 아니에요. 귀에 들리는 소리도 새롭고, 피부에 느껴지는 감촉도 새롭고, 집에서는 맡아 보지 못했던 새로운 냄새도 있었어요. 모든 게 재미있고 신기했지요.

내 발로 혼자 걸을 수 있게 되니까 바깥 세상이 더 재미있어요. 나는 바깥 세상이 재미있기만 한데, 엄마한테는 위험하게 보이는 모양이에요. 나랑 밖에 나가기만 하면 혹시라도 내가 다칠까 봐 신경을 곤

두세우시거든요.

엄마가 걱정하는 것처럼 바깥 세상이 그렇게 무섭고 위험한 곳인지 잘 모르겠어요. 엄마 말이 맞다 해도 집에만 있기는 싫어요. 집에서 장난감을 갖고 놀거나 책을 보는 것보다 놀이터에서 엄마랑 미끄럼틀도 타고 그네도 타면서 노는 게 훨씬 더 좋아요. 흙장난을 하는 것도 재미있고요. 이렇게 노는 게 아기에게 얼마나 중요한지 아세요?

엄마, 마음껏 밖에 나가 놀 수 있게 도와주세요. 나는 아직 무엇이 위험한지 잘 모르니 엄마가 막아주고 가르쳐주세요.

산으로 들로 놀러가고 싶어요

집 밖으로 나가기만 해도 좋아요. 그런데 산과 들이 있는 자연에 가 보니 집 주변과는 또 달랐어요. 지난 토요일에 갔던 곳은 수목원인가요? 나무와 풀만 가득했던 곳이었어요. 풀 냄새, 나뭇잎 냄새, 꽃 냄새가 집 근처에서 맡던 것과는 비교도 되지 않을 정도로 향긋했어요. 경치가 얼마나 예쁜지 눈을 뗄 수가 없었지요.

기분이 좋아서 소리도 질렀는데, 바깥이라서 그런지 엄마 아빠가 내가 소리지르는 것을 막지 않고 내 기분에 맞춰서 같이 소리도 질러 주셨어요. 아빠가 은행나무, 버드나무, 벚나무, 소나무 등 나무 이름과 라일락, 아카시아, 튤립, 수선화, 장미 등 꽃 이름도 알려주셨어요. 물 위에서 사는 연꽃, 옥잠 등도 보여주셨고요. 예쁘고 신기한 것들이 참 많았어요.

경치 좋은 곳에서 실컷 놀고, 엄마랑 아빠랑 맛있는 도시락도 먹었어요. 바깥에서 먹는 밥은 또 느낌이 다르지 뭐예요! 평소에 먹던 것과 똑같은 것인데 더 맛있었어요.

그렇게 한참 재미있게 놀다보니 돌아오는 차 안에서는 피곤해서 바로 곯아떨어지게 됐어요. 낮에 갔던 수목원에서 나비를 쫓아다니는 꿈을 꾸었어요. 그곳이 너무 좋았던지 꿈에서도 나왔나 봐요. 엄마, 자주 산과 들로 놀러갔으면 좋겠어요.

🐢 밖에 나갔을 때는 이야기를 많이 나누어주세요

바깥 세상이 재미있기는 하지만 모르는 게 너무 많아요. 그냥 보기만 해도 좋지만 내가 보는 게 뭔지 엄마가 자세하게 이야기를 해주니 더 좋았어요. "꽃이 피었네. 이건 개나리야. 병아리처럼 노란색이네.", "빠방 빠방 자동차가 지나가네. 우리도 지난주에 아빠랑 차 타고 놀러 갔다 왔지?"

솔직히 엄마가 하는 말을 다 알아듣지는 못해요. 그래도 엄마가 차근차근 이야기를 해주면 두뇌 발달도 풍부해지고 내게 더 많이 도움이 될 것 같아요.

엄마, 유모차에 앉아서 산책하는 것도 좋지만 엄마 등에 업혀서 엄마의 따뜻한 온기를 느끼면서 산책하는 것은 나에게는 아주 큰 기쁨이랍니다. 저번에 집에 손님이 와서 집안이 어수선한데 내가 우니까 엄마가 날 업고 동네 산책을 했잖아요. 약간 해가 저물 무렵이었는데,

풀 냄새와 꽃 냄새가 잔잔히 느껴지면서 분위기가 정말 좋았어요.

물론 제일 좋았던 것은, 엄마가 내 엉덩이를 토닥거리면서 이런 저런 얘기를 해준 거예요. 나무 곁을 지나면서 엄마가 노래도 불러주고, 나무에 관한 이야기도 해주었잖아요. 그러면 짜증나고 힘들었던 것도 바로 잊게 돼요.

엄마가 자주 나를 데리고 산책하면서 조곤조곤 얘기해 주면 좋겠어요. 앞으로 산책할 때는 얘기를 더 많이 나누어 주세요. 그래야 내 두뇌가 쑥쑥 발달한답니다.

육아솔루션

비가 올 때는 베란다에서라도 바깥 세상을 보여주세요

비가 와서 아기와 외출하기 번거로운데 밖으로 나가자고 떼를 쓰면 참 난감합니다. 그럴 때는 아기와 함께 베란다에 나가 바깥 풍경을 보여주고, 지나가는 사람이나 차 등을 가리키면서 아기에게 말을 걸어 주세요.

"어머, 저 사람 좀 봐. 노란 우산을 쓰고 어디를 바쁘게 가는 걸까?", "저 차 좀 봐. 보여? 정말 빠르게 달려가네.", "빗방울이 세게 떨어지네." 등 여러 가지 이야기를 나누어 주면 아기의 기분을 바꿔줄 수 있어요. 두뇌도 쑥쑥 발달하고요. 너무 어려 밖에 데리고 나가기 곤란한 아기에게 쓸 수 있는 좋은 방법이랍니다.

냉장고든 서랍이든
몽땅 열어 보고 싶어요

오호라, 이건 또 무얼까?
문은 참 신기해요. 열기만 하면
도깨비 방망이처럼 신기한 물건들이
뚝딱 튀어나오지 뭐예요!

마님은
왜 쌀밥을
영심에게
주었을까?

엄마, 기어다니면서 난 정말 신기한 걸 발견했어요. 어느 날이었어요. 이리저리 기어다니는데 텔레비전 밑 장식장 문 하나가 살짝 열려 있는 게 보였어요. 처음에는 그게 문이라는 것도 몰랐어요. 열린 걸 처음 보았거든요. 열심히 기어가 힘들게 한 손으로 문을 마저 열어 보니 세상에! 내가 즐겨 보는 시디가 들어 있지 뭐예요.

그런 특별한 경험을 한 후에는 문만 보면 열어 보고 싶어 견딜 수가 없어요. 분명 저 문을 열면 무언가가 나올 건데, 가만히 있을 수는 없잖아요. 문 뒤에 무엇이 있을지 무지무지 궁금해요.

엄마, 같이 문 열고 보면 안 될까요?

나는 문 열기 대장이에요. 호기심 대장이기도 하죠. 문뿐만 아니라 서랍도 잘 열어요. 문 뒤에 내가 보지 못했던 신기한 것들이 있다는 걸 알고 난 다음부터는 문이란 문은 몽땅 열어 보고 싶어요. 문은 문고리를 잡아 열기만 하면 되는데, 서랍은 손에 더 힘을 주고 잡아당겨야 해서 조금 어려워요.

아직 열어 보지 못한 문이 많은데, 도저히 내 힘으로는 열 수 없는 문들이에요. 내가 열 수 있는 문이나 서랍은 다 바닥에 가깝게 있는 것들이잖아요. 그런 문이나 서랍은 이미 다 열어 봤어요. 한 번 열어 본 문을 또 열어 봐도 재미있기는 한데, 난 자꾸 내가 열어 보지 못한 문에 눈이 가요. 다 너무 높이 있거나 잘 안 열려 혼자서는 도저히 열기 힘든 문이에요. 난 정말 궁금해 죽을 지경이랍니다.

엄마, 도와주세요. 나를 안고 키가 닿지 않아 열 수 없는 문이나 서랍을 하나씩 열어 보게 해주세요. 내가 가장 열어 보고 싶은 문은 냉장고 문이에요. 문을 열었을 때 느껴지는 시원한 공기도 좋고, 불빛도 환해 신비로운 느낌까지 들어요.

또 냉장고 안에는 음식이 담긴 봉지, 다양한 채소, 과일, 우유, 음료수 등 다채로운 물건들이 가득해서 무척 신기해요. 문을 닫을 때 나는 소리도 좋고요.

엄마는 잘 모르겠지만 엄마가 냉장고 문을 열 때마다 나의 시선이 그쪽으로 향하곤 한답니다. 그리고는 엉금엉금 기어가 가까이서 보고 싶은데 아쉽게도 금세 문이 닫혀버려요.

엄마, 가끔씩은 냉장고 문을 열어주고 함께 안을 들여다보며 "과연 이 안에는 뭐가 있을까?"라고 말을 걸어주면 안 될까요? 흥미진진해질 것 같아요. 과연 뭐가 기다리고 있을까 더 궁금해지면서 가슴이 막 두근거릴지도 몰라요.

🐨 마음껏 열어 볼 수 있게 위험한 물건은 미리 치워주세요

그 날도 여느 때처럼 여기저기 기어다니면서 문이란 문은 다 열어보던 중이었어요. 주방 쪽 문을 열었는데, 문 뒤쪽에 무언가 걸려 있었어요. 호기심에 꺼내 보았지요. 은빛으로 반짝이는 물건이었는데, 엄마가 보더니 깜짝 놀라 달려 왔어요. 그러더니 나를 얼른 안아 올리

면서 "이건 가지고 놀면 위험해. 아야 하는 거야."라고 말했지요. 그 게 가위라나 봐요. 날카로워 잘못 만지면 피가 날 수도 있대요.

무심코 꺼냈던 물건이 나를 아프게 할 수 있는 가위라는 걸 알고 나도 좀 무서웠어요. 하지만 난 아직 어떤 게 위험한 물건인지 잘 몰라요. 나에겐 다 호기심을 자극하는 신기한 물건들일 뿐이에요. 엄마는 내가 가위에 다칠 뻔한 이후에는 아예 문만 열려고 하면 "안 돼." 하며 못하게 해요. 나를 걱정하는 엄마 마음은 알지만 문을 열지 못하게 막으니 화가 나요.

내 호기심을 막는다는 건 내가 성장하는 걸 막는 것과 같아요. 이 것저것 열어 보고, 꺼내 보고, 만져 보는 동안 인지 능력도 올라가고, 창의력과 상상력도 발달하거든요. 그러니까 문을 열지 못하게 막지 말고, 위험한 물건은 내 손에 닿지 않는 곳으로 치워주세요. 정 위험한 물건을 따로 보관하기가 어렵다면 그 문만 잠가두더라도, 문을 열어 보는 내 즐거움을 빼앗지는 말아주세요.

🐳 뚜껑을 열어 보는 것도 재미있어요

꼭 문을 여는 것만 내 호기심을 자극하는 건 아니랍니다. 도시락이나 상자의 뚜껑을 열어 보는 것도 아주 재미있어요. 얼핏 보면 하나처럼 보이는 물건이 둘로 나누어지는 것도 신기하고, 무엇보다 뚜껑을 열면 그 안에 무언가가 또 들어 있다는 게 놀라워요.

물병 뚜껑을 여는 것도 좋아요. 물병 뚜껑을 여는 것 자체도 재미있지만 물병을 기울여 물을 쏟는 것도 아주 아주 재미있는 놀이예요. 물병 뚜껑도 다양한 것 같아요. 돌리는 것도 있고 누르는 것도 있고요. 어쩜 세상은 이렇게 신기할 수 있죠?

엄마, 다양한 뚜껑들을 보여 주세요. 그리고 내가 직접 열어 볼 수 있게 엄마가 도와주세요. 여러 가지 뚜껑을 열어 보는 것도 두뇌 발달을 위한 좋은 놀이가 될 수 있답니다.

육아솔루션

집안을 안전한 놀이터로 만들어주세요

이제 막 기고 걷는 아기에게 집안은 그야말로 호기심 천국입니다. 문이나 서랍을 열어 보는 것 외에도 집안에 있는 것 모두가 아기에겐 호기심을 자극하는 것들이죠. 아기의 안전이 걱정되어 호기심을 누르는 것만큼 어리석은 일도 없답니다. 아기가 마음껏 열어 보고, 만져 보고, 느낄 수 있도록 해주세요. 그리고 위험한 물건은 치워주세요. 아기는 뭐든 입으로 먼저 호기심을 충족시킨답니다. 그러니 동전, 단추, 약 등 아기가 삼킬 수 있는 것이나 날카로운 물건 등 위험한 것들은 싹 치워주세요.

산만한 게 아니라
호기심이 많은 거예요

엄마, 요거 모자! 모자예요!
어라? 엄마, 저건 뭐예요?
엄마, 화분 속에 이상한 게 있어요.
대체 뭐지? 엄마…….

나는 두 발로 걸음마를 하면서부터 한시도 가만 있지 못해요. 이런 나를 보고 어른들은 산만하다며 혀를 끌끌 차시죠. 산만하다는 게 어떤 의미인지는 잘 모르지만 좋은 소리가 아님은 분명해요. 그렇지 않으면 그런 표정으로 혀를 차지는 않겠죠. 아마 한시도 가만 있지 못하고 이리저리 다니며 호기심을 모두 충족시키려고 해서 산만하다고 하는 것 같아요.

내 또래 아기들은 다 그런 것 아닌가요? 도대체 생전 처음 보는 물건이 눈앞에 있는데 어떻게 만져보지 않을 수 있어요? 눈을 돌리면 그곳에 또 새로운 것이 보이는데, 어떻게 움직이지 않고 그대로 있을 수가 있나요?

나를 착하고 얌전한 아기로 만들지 마세요

옆집 아기가 우리 집에 놀러왔어요. 나이는 나랑 똑같이 15개월이래요. 낯설어서 그런지 그 친구는 엄마 무릎 위에 앉아 가만히 장난감만 만지작거리고 있었어요. 그럴 수도 있죠 뭐! 그런데 그 아기 엄마가 자랑을 늘어놓지 뭐예요.

"우리 민지는 참 착하고 얌전해요. 집에서도 자기 장난감만 갖고 놀지, 다른 물건에는 손도 안 대요."

난 도무지 이해가 안 갔어요. 내 또래면 그럴 수가 없거든요. 지금 나는 한창 호기심이 발동할 때라 뭐든지 다 궁금하거든요. 눈에 보이는 것은 물론 문이나 서랍 안에 무엇이 있는지 무척 궁금해 죽겠는데 말예요.

더 놀라운 건 우리 엄마였어요. 엄마는 "어머, 어쩜 아기가 이렇게 착하죠? 우리 민준이는 너무 산만해서 걱정인데……."라고 말하며 옆집 아기 엄마를 부러워하는 거예요.

엄마, 나도 설마 그 아기처럼 얌전한 아기가 되기를 바라는 건 아니죠? 나보고 얌전한 아기가 되라는 건 더 이상 세상을 탐험하지 말라는 말이나 똑같아요. 아무 것에도 관심 갖지 말고, 궁금해하지도 말며, 엄마를 귀찮게 하지도 말고 가만히 있으라는 거예요? 한마디로 엄마 말만 잘 듣는 착한 아이가 되라는 거잖아요. 그럼 지금은 엄마가 편할지 몰라도 나중에는 엄청 걱정되실 걸요? 나를 아무 의욕도 없는 무기력한 아이로 키우지 말아 주세요.

난 지금 엄마를 괴롭히려고 정신없이 왔다 갔다 하는 게 아니에요. 나는 지금 열심히 내가 살 세상을 탐험하고 배워 나가는 중이랍니다. 조금 힘들어도 내가 더 열심히 탐험할 수 있도록 도와주세요. 그래야 내가 엄마에게 의존하지 않고 독립심 있는 아이로 쑥쑥 자랄 수 있답니다.

왜 안 되는지 이유를 설명해 주세요

"안 돼!", "하지 마!"

본격적으로 세상을 탐험하기 시작한 후로 제일 많이 듣는 소리예요. 요즘 엄마는 하루 종일 나만 졸졸 따라다니며 연신 "안 돼!", "하지 마!", "만지지 마!", "그러면 못 써!" 등의 소리만 해요. 왜 이렇게 안 되고, 또 안 되는 것들이 많은지요. 엄마 말을 다 들으면 내가 할 수 있는 게 아무것도 없다는 생각이 들어요. 흑흑!

그리고 "안 돼!", "하지 마!" 소리를 들으면 기분이 확 나빠져요. 잔뜩 호기심에 부풀어 있는데 못하게 하니 화가 날 수밖에 없답니다. 화가 나 악을 쓰며 고집을 피우거나 울면 엄마는 더 큰 목소리로 "안 된다고 했지!", "하지 말라고 했지!"라고 말하며 화를 내요.

엄마, 내가 싫어하는 소리를 안 하실 순 없는 건가요? 호기심을 갖지 말라는 게 아니라 내가 위험할까 봐 그런 소리를 하시는 거라고요? 그렇다면 왜 안 되는지, 하면 왜 안 되는지 알아듣기 쉽게 이유를 설명해 주세요.

예를 들어 내가 뜨거운 물이 들어 있는 주전자를 만지려고 하면 "안 돼, 주전자에 지금 뜨거운 물이 들어 있어. 만지면 다칠 수 있단다." 이렇게 말이에요.

이유를 설명해 주지도 않으면서 무조건 "안 돼!", "하지 마!"라고 말하면 호기심을 갖는 건 나쁜 거구나 하는 생각이 들어요.

내 호기심을 막지 말아주세요

정말 세상에는 신기한 것들이 참 많아요. 예전에 엄마 품에 안겨 있거나 누워서 바라보았을 때는 잘 몰랐던 신기한 것들이 주변에 정말 가득해요. 이제는 걸어 다닐 수 있게 되었거든요. 저쪽에 신기한 것이 있을 때 가까이 걸어가서 보고 만져보고 하니까 진짜 재미있더라고요.

재미있고 신기한 것들 중에 특별히 한 번 더 보게 되는 것들이 생겼어요. 나는 빵빵 자동차가 좋아요. 장난감 차도 좋지만 실제 타고 움직이는 차가 훨씬 더 신기하고 좋아요.

그래서 아빠 차를 탈 때면 그렇게 신이 날 수가 없어요. 엄마랑 밖에 산책하러 나갈 때도 차만 보게 돼요. 엄마는 내가 산만하게 돌아다니는 것 같은지 내 손을 붙잡고 못 움직이게 하는데요, 나는 차만 보면 가만히 있을 수가 없어요.

며칠 전 산책하다가 내가 움직이는 차를 만지려고 다가가는 것을 엄마가 보고 소스라치게 놀라서 소리치셨어요. 난 단지 궁금해서 그랬던 건데 말이죠. 그게 위험한 상황인지 잘 몰랐어요.

엄마는 그 이후에 날 아예 자동차 옆에는 데려가질 않으세요. 차에 탈 때도 안고 타고, 산책을 할 때는 멀리서 자동차 소리만 들려도 날 안고는 피해버려요. 그래서 나도 이제는 차를 보면 움찔하게 되고 또 보지 못하니까 흥미가 점점 떨어지려고 해요.

엄마, 내가 관심을 가지는 것에 위험한 게 있다면 나에게 잘 알려주세요. 무조건 위험하다고 피해버리면 나는 세상을 제대로 배울 수가 없어요. 나 혼자 하기 위험하고 어려운 것들은 엄마가 도와주셔서 내 호기심을 마음껏 충족시켜 주세요. 그래야 나중에 그 호기심으로 적극적이고 열정적으로 그리고 몰입해서 공부나 운동, 음악이나 미술도 잘하게 될 거예요. 이유 없이 자꾸 못 하게 말리고 호기심을 싹둑 싹둑 잘라버리면 모든 것에 관심이 없어지게 된답니다.

산만하다고 집중력이 약한 것은 아니에요

호기심이 많은 아이는 다양한 것에 관심을 갖기 때문에 산만해 보일 수 있습니다. 그렇지만 순간순간 몰입하는 힘이 아주 강합니다. 다만 아기라서 그 시간이 짧을 뿐이지요. 아기가 자라면 자연스럽게 집중하는 시간도 길어질 테니 크게 염려하지 않아도 됩니다.

아이가 호기심을 가지고 이것저것 살펴볼 때는 호기심을 충족시켜줄 수 있도록 아이를 격려하고 칭찬해 주세요. 18개월이 되면서부터는 아이의 자아가 발달하여 자신의 의지를 강하게 표현합니다. 이 시기에 아이를 잘 관찰해서 호기심을 충족시켜 주고, 아이가 관심 가지는 것을 기본으로 보여주고 놀아주면 아이의 개성과 소질을 키워줄 수 있습니다.

고추를 자꾸
주물럭거리고 싶어요

어라, 왜 엄마가 마귀처럼
그런 표정을 짓고 있는지 모르겠어요.
내가 무슨 큰일이라도
저질렀나요? 난 잘못한 거 없어요.

이건 손, 이건 발, 이건 머리…… 목욕을 할 때 엄마랑 즐겨 하는 놀이예요. 내 몸 알아맞히기죠. 그런데 한참 놀다 보니 다리 사이에 길쭉하게 나온 덩어리를 발견 했어요. 음…… 이건 뭐죠?

나는 새로운 걸 발견하면 우선 만지고 봐요. 그래서 자그맣고 길쭉한 그것을 조물락조물락 만져 보았죠. 기분이 나쁘지 않았어요. 말랑말랑한 감촉도 좋고 만지작거리는 재미도 좋았어요. 엄마, 얘는 뭐예요? 한 번 만져 보고 나니 자꾸 만져 보고 싶어져요.

고추 만진다고 야단치지 마세요

내가 고추를 만지는 게 그렇게 이상한 건가요? 엄마는 고추를 만지작거리면 내가 무슨 큰 잘못이라도 저지른 양 손을 찰싹 때리면서 "그러면 안 돼. 못써요."라고 혼을 내세요. 그때 내가 얼마나 당황했는지 아세요?

나는 그저 내 손이나 발을 만지며 노는 것처럼 고추를 만지는 것뿐이에요. 내 몸을 탐색하는 자연스러운 과정이란 말이에요. 나에게 고추는 손이나 발, 귀처럼 내 몸의 일부에 불과해요. 발이나 귀를 만질 때는 그냥 두면서 왜 고추를 만질 때는 엄마가 기겁을 하는지 난 정말 모르겠어요.

엄마한테 자꾸 야단을 맞으니까 고추가 아주 나쁜 것이란 생각이 들어요. 어디 꼭꼭 숨겨놓고 드러내놓아서도 안 되고, 왠지 모르게 부끄러운 것이란 느낌이에요. 정말 고추는 창피한 건가요? 그렇게 창피한 것이면 왜 내 몸에 있는 건지 알 수가 없어요.

고추가 부끄러운 것이 아니라면 내가 고추를 만진다고 야단치지 마세요. 고추에 대한 탐색이 끝나면 엄마가 만지라고 해도 흥미를 잃어 만지지 않을 테니까요.

고추를 만질 때 엄마의 반응이 재미있기도 해요. 마치 못 볼 걸 본 듯한 표정으로 당황하며 하지 말라고 하면 그렇게 재미있을 수가 없어요. 엄마 혹시 아세요? 가끔은 엄마의 반응을 보고 싶어 일부러 고추를 만지기도 한답니다.

고추가 뭘 하는 것인지 알려주세요

처음에는 내가 만지는 길쭉한 것이 무엇인지도 몰랐어요. 그곳에서 오줌이 나온다는 건 알았는데, 이름은 '지지'인 줄 알았어요. 엄마가 "지지, 지지!" 하며 고추를 만지지 못하게 했기 때문이죠. 얼마 전에야 '고추'라는 걸 알았어요.

이름뿐만 아니라 고추가 무엇을 하는 것인지도 가르쳐주세요. 오줌을 누기 위해서만 필요한 것이 아니라 아기씨를 만들고 내보내는 중요한 역할을 한다는 것도 설명해 주세요.

엄마, 아기라고 무시하지 말아 주세요. 고추는 감추고 부끄러워해야 할 것이 아니라 굉장히 소중한 내 몸의 일부라는 것을 알 수 있도록 도와주세요.

물론 설명을 해주어도 잘 알아듣지는 못할 거예요. 그래도 제대로 설명을 들으면 내 몸을 이해하고 사랑하기가 한결 쉬울 것 같아요.

내가 좀 더 크면 실제 정확한 고추 이름도 알려주는 게 좋아요. 하지만 아직 나는 남자와 여자의 고추가 어떻게 다른지도 모르니 그냥 '고추', '잠지'로 알려주어도 괜찮답니다.

억지로 못하게 하지 말고 다른 데로 관심을 돌려주세요

남자 아기만 성기를 만지는 게 아닙니다. 여자 아기들도 신체를 탐험하는 과정으로 남자 아기들과 마찬가지로 자신의 성기를 만집니다. 발달 과정상 정상적인 행동이니 걱정하지 마세요. 여자 아기들이 성기를 만지면 엄마들이 더 당황해하고 못하게 하는 경향이 있는데, 그래서는 안 됩니다.

남자 아기든 여자 아기든 자신의 성기를 만지는 것은 자연스러운 현상입니다. 그렇다고 마음껏 만지도록 내버려두는 것도 정답은 아니에요. 자주 만지면 세균에 감염되거나 상처가 날 수도 있기 때문이죠. 따라서 아기가 성기를 만질 때는 무작정 만지지 못하게 하지 말고, 아기 이름을 부르거나 좋아하는 노래를 불러주거나 장난감을 주는 등 다른 데로 관심을 돌리는 것이 좋습니다.

멀리 떠나는 여행은
좋으면서도 힘들어요

집 밖으로 나가 세상을 구경하는 일은 아주 즐겁고 신나는 일이에요. 그렇지만 아직 어려서 그런지 자동차나 기차를 타고 멀리 떠나는 여행은 조금 힘들어요. 자동차나 기차 안에서는 내가 자유롭게 놀 수도 없고, 시간이 많이 걸려 쉽게 지쳐버려요.

그렇다고 해서 여행을 포기하고 싶지는 않아요. 나도 엄마 아빠랑 아주 즐겁고 행복한 추억을 만들고 싶어요. 물론 새로운 세상도 구경하고 싶고요. 엄마 아빠, 내가 좀 더 편안하게 여행을 할 수 있도록 도와주세요. 징징거리며 울지 않고 즐겁게 여행하고 싶답니다.

여행 중간중간 충분히 쉴 수 있게 해주세요

몇 시간씩 차를 타고 이동하는 일은 정말 힘들어요. 나만 그런 게 아니라 어른들도 마찬가지일 거예요. 좁은 공간에 앉아 있다 보면 몸도 찌뿌드드해지고 짜증이 와락 나기도 하죠. 울고 싶지 않아도 울 수밖에 없답니다.

움직이고 싶은데 그렇게 하지 못하는 건 정말 힘들어요. 그러니 같은 자세로 오랜 시간 있지 않도록 해주세요. 창문으로 들어오는 따가운 햇빛도 얼굴을 아프게 해요. 꼭 자외선을 차단하는 차양을 창문에 붙여 주세요. 그래야 내가 편안하게 갈 수 있거든요.

목적지에 좀 늦게 도착하더라도 중간 중간 충분히 쉴 수 있게 해주세요. 휴게소를 그냥 지나치지 말고 꼭 들러서 내 팔다리를 스트레칭 해주고, 시원한 공기를 마음껏 마실 수 있게 해주세요. 내가 혼자 앉거나 설 수 있다면 차 밖에서 쉴 수 있게 해주고, 아직 어려서 기어다닌다면 깨끗한 방바닥이 있는 음식점에서 충분히 쉬고 나서 출발해주세요. 그러면 좀 괜찮아질 것 같아요.

🐋 기차 여행을 할 때는 자리에 신경 써주세요

명절 때처럼 자동차가 너무 많아 도로가 막힐 때는 기차를 타고 여행을 가기도 해요. 하지만 기차 여행은 자동차 여행보다 더 힘들어요. 중간에 쉴 수가 없잖아요. 기차를 타는 동안 내내 잠을 자면 덜 지루하고 힘들지 않게 여행을 할 수 있지만, 잠이 안 오면 정말 힘들어서 울고 싶어져요.

힘들고 지쳐 막 울면 기차 차량 사이의 연결 통로로 날 데려가 주세요. 사람이 적고 기차 소리가 크게 들리는 곳이어서 내가 울어도 엄마가 덜 미안할 거예요. 기차 소리에 내 울음소리가 묻히거든요. 또 그곳에서 창문 밖으로 지나쳐가는 풍경을 바라볼 수 있게 해주면서 달래주면 바깥 풍경 보는 것에 짜증이 금방 사라질 거예요.

표를 예약할 때는 가능하면 문에서 두세 줄 떨어진 자리로 해주세요. 문 바로 앞자리는 사람들이 오가면서 자주 문이 열렸다 닫혔다 하기 때문에 마음이 안정되지 않는답니다. 또 문 쪽에서 너무 멀어진 자리면 내가 칭얼댈 때 엄마가 나를 데리고 자주 이동하기가 힘이 들 거예요.

아직은 내가 어리니까 엄마가 나를 데리고 다니기 힘든 거 나도 알 아요. 엄마, 조금만 기다려 주세요. 얼마 지나지 않아 나도 힘들지 않 고 엄마도 힘들지 않게 여행할 수 있는 날이 꼭 올 거예요.

육아솔루션

낮잠 시간을 이용해 출발하는 것도 좋은 방법이에요

자동차에 설치하는 유아용 카시트는 아기의 몸 전체를 고정하기 때문에 한창 움 직이고 싶은 아기는 불편함을 느낄 수밖에 없어요. 그래서 유아용 카시트에 앉자 마자 우는 아기도 많아요. 그렇다고 아기를 그냥 좌석에 앉히고 운전하는 건 무 척 위험한 일이에요. 안전을 위해서는 아기가 싫어해도 차를 탈 때마다 항상 유 아용 카시트에 앉히는 습관을 들여야 해요.

유아용 카시트를 싫어하는 아기가 칭얼대지 않게 하는 가장 좋은 방법은 되도록 낮잠 시간에 맞춰서 외출하는 거예요. 아기가 꾸벅꾸벅 졸기 시작하면 재빠르게 유아용 카시트에 앉히고 시동을 거세요. 그러면 차의 흔들림에 맞춰 잠이 든답니 다. 잠이 오지 않을 때 차에 태우면 울 수도 있는데, 아기가 좋아하는 장난감이나 간식을 준비해서 주의를 끌고 출발하면 차의 진동 덕분에 오히려 기분 좋게 잠이 들어요. 아기와 함께 차를 타고 외출할 때는 이런 점을 고려해서 조금 여유 있게 출발하세요.

치카치카, 엄마처럼
칫솔질 해보고 싶어요

에이, 엄마가 해주는
칫솔질은 싫어요!
엄마, 칫솔 나한테 주시면 안 돼요?
재미있을 것 같아요.
나도 이제 다 컸다니까요!

뿌   듯

아   아아

치카 치카
치카

치카
치카

젖니가 날 때는 잇몸이 간지러워 혼났어요.
이상하게 침도 많이 나와 늘 침을 줄줄 흘리고 다녔죠.
젖니가 나기 시작하자 엄마는 가제 수건으로 잇몸을 살살 닦아주셨어요. 참 시원했어요.

한동안 그렇게 가제 수건으로 젖니와 잇몸을 닦았어요. 생후 6개월부터 나기 시작한 젖니는 18개월이 되자 어금니 몇 개를 빼고 다 났어요. 돌 지나면서 어금니까지 나기 시작하자 엄마는 가제 수건 대신 작고 예쁘게 생긴 칫솔로 칫솔질을 해주셨어요.

칫솔질도 참 재미있어요. 엄마가 해주는 것도 좋지만 내가 직접 해보고 싶어요. 내가 혼자 해도 괜찮은 거죠?

18개월이면 혼자서 칫솔질을 해볼 수 있어요

엄마는 내가 아직도 아무 것도 하지 못하는 어린 아기인 줄로만 아시나 봐요. 나는 벌써 18개월이 됐는데…….

나도 이제 혼자서 칫솔을 내 마음대로 움직일 수 있어요. 음, 그러니까 연습만 하면 칫솔질도 혼자 할 수 있다는 거예요. 물론 엄마는 내가 칫솔질을 제대로 못해서 충치가 생길까봐 걱정하시겠지만요.

나도 칫솔질을 하고 싶어요. 엄마가 억지로 시키는 것은 싫어요. 엄마나 아빠가 식사를 하고 치카치카 칫솔질을 하는 모습을 보면 그렇게 부러울 수가 없어요. 왜 엄마 아빠는 재미있게 칫솔질을 하면서 나만 못하게 하는 거죠?

내 칫솔을 주세요. 이제 칫솔 정도는 척척 제대로 잡을 수 있어요. 그리고 보세요. 칫솔을 입속에 넣고 왼쪽에 있는 이, 오른쪽에 있는 이, 앞니, 아랫니 골고루 치카치카 해주면 되는 거죠? 잘할 수 있으니까 안심하고 혼자 칫솔질을 할 수 있게 해주세요.

그런데 나에게만 맡겨주지 말고요, 칫솔질 후에 엄마가 잘 살펴 주세요. 그리고 부족한 부분은 엄마가 잘 닦아 주시면 되잖아요. 나 혼자 할 수 있다고 무조건 나 혼자만 하게 내버려두면 충치를 키우게 된다는 것을 잊지 말아 주세요.

🦷 양칫물을 잘 뱉으면 칫솔에 치약을 묻혀주세요

내가 치카치카를 하고 싶었던 가장 큰 이유는 치약 때문이에요. 치약의 화 하는 냄새도 좋고, 치카치카를 할 때 거품이 나는 것도 재미있어요. 그런데 엄마는 내가 혹시 치약을 삼킬까 봐 걱정스러운 모양이에요. 칫솔에 치약을 묻혀주지 않고 맹물로 칫솔질을 하게 하시는 것을 보면요.

솔직히 나도 치약을 먹지 않을 자신이 없어요. 맹물로 칫솔질을 할 때 가끔 양칫물을 삼킬 때가 있거든요. 그러면 안 되는 거죠? 양칫물을 뱉는 연습을 시켜주세요. 처음에는 서툴러도 몇 번 되풀이해서 연습하면 금방 익숙해질 수 있답니다.

엄마, 약속해 주세요. 내가 양칫물을 잘 뱉으면 그때는 꼭 치약을 사용할 수 있게 해주시겠다고요. 아니면 치약을 먹어도 몸에 해롭지 않은 아기용 치약을 사용해 주세요. 치약 없이 칫솔질하는 것은 단팥 없는 찐빵을 먹을 때처럼 왠지 밍밍하고 재미가 덜해요. 치약을 많이 묻혀주시지 않아도 괜찮아요. 묻혀주시면 열심히 닦을게요. 그러면 칫솔질이 더 재미있어질 거예요.

치약은 젖니가 날 때부터 사용해도 괜찮아요

치약을 언제부터 사용해야 하는지 궁금해하는 엄마들이 많습니다. 치약은 아기의 젖니가 날 때부터 사용할 수 있어요. 다만 아기가 삼키지 않도록 신경 써야 해요. 가제 수건으로 이와 잇몸을 닦아줄 때는 먼저 마른 거즈로 이를 닦아 이를 덮고 있는 막을 없애고 치약을 묻혀야 더 깨끗하게 닦아줄 수 있어요. 다 닦고 난 후에는 치약이 남아 있지 않도록 잘 닦아내는 것도 잊지 마세요.

18개월부터는 혼자서 칫솔질을 할 수 있도록 하는 것이 좋아요. 그렇지만 아기 혼자서 깨끗하게 칫솔질을 하기는 어려우니 잘 닦는지 지켜보고 도와주어야 한답니다.

엄마,
이제 우리 마음
잘 아셨죠?